自律心理学

[美] 彼得·霍林斯（Peter Hollins）著

How to Achieve Every Goal You Set Using Willpower, Self-Control, and Mental Toughness

THE SELF-DISCIPLINE MANUAL

中国青年出版社

图书在版编目（CIP）数据

自律心理学 /（美）彼得·霍林斯著；赵宜知译.
—北京：中国青年出版社，2024.7
书名原文：The Self–Discipline Manual: How to Achieve Every Goal You Set Using Willpower, Self–Control, and Mental Toughness
ISBN 978–7–5153–7280–8

Ⅰ.①自… Ⅱ.①彼… ②赵… Ⅲ.①自律–通俗读物 Ⅳ.①C933.41–49

中国国家版本馆CIP数据核字（2024）第080987号

自律心理学

作　　者：［美］彼得·霍林斯
译　　者：赵宜知
策划编辑：黄　婧
责任编辑：宋希晔
文字编辑：黄　婧　侯雯洁
美术编辑：杜雨萃
出　　版：中国青年出版社
发　　行：北京中青文文化传媒有限公司
电　　话：010–65511272 / 65516873
公司网址：www.cyb.com.cn
购书网址：zqwts.tmall.com
印　　刷：大厂回族自治县益利印刷有限公司
版　　次：2024年7月第1版
印　　次：2024年7月第1次印刷
开　　本：880mm × 1230mm　1 / 32
字　　数：85千字
印　　张：5.75
京权图字：01–2023–0164
书　　号：ISBN 978–7–5153–7280–8
定　　价：49.90元

目 录

第一章

自律，想说爱你不容易

现在是晚餐时间，我们面临着选择：是吃七分饱，还是大吃特吃？仅仅今天，我们可能就遇到了几十个这样的选择，并作出了或好或坏的决定。究竟是什么让我们克制住自己的呢？又是什么让我们轻易屈服于诱惑呢？

在接下来的章节中，我们将细致地探究几个问题：自律的生物学基础是什么？阻碍自律的心理障碍有哪些？为什么自律如此痛苦？如何逐步培养自律？我们将研究几十种不同的观点、方法和技巧，但自始至终，我们的探讨围绕着两个主题：**自我意识和自觉行动**。

自我意识意味着我们清醒地认识和觉察到大脑此刻的所思所想，自觉行动意味着我们下决心刻意为此做些什么。因此，本书会时不时要我们停下来，采取以下措施：

1. 审视自身，提出问题以自我觉察。

2. 立即采取行动。

本书所说之事皆有理有据，但只有付诸实践，才有价值，如果没能亲身体验，那就毫无意义。阅读时，多加留心“注意”“采取行动”这些板块，并根据提示回顾自己相关的生活经验，在生活中践行这些观点，哪怕能带来微小的改变也好。

好消息是，我们每个人都拥有自律的本能，也有在充满诱惑的世界里坚持自律的能力。让我们开始吧！

脑干与前额叶皮层的斗争

让我们从认识大脑开始。

很久以来，人们只从抽象概念和哲学理论等方面来理解自律与自控。近些年，研究人员发现，意志力和决策力在大脑中有着相同的生物学基础。如果我们能够了解大脑中负责自律和决策的区域，那么或许可以利用大脑的特性作出更好的决策。

2017年，欧洲分子生物学实验室（European Molecular Biology Laboratory）的科学家（格罗斯等人）发现，脑干和前额叶皮层之间存在联系，这两个重要脑区与调节本能行为和自我控制有关。脑干踩下“冲动”的油门，而前额叶皮层行使了刹车制动系统的功能。正如俗话说，天使在左，魔鬼在右。

实验从观察被欺凌的小鼠开始——在小鼠中存在所谓的“社交挫败”，即被其他小鼠欺负后，被欺凌的小鼠其大脑前额叶皮层和脑干之间的神经连接减弱。这种神经连接较弱的小鼠会表现得更具防御性。除了“社交挫败”，科学家还使用某些药物，诱导小鼠产生同样基于恐惧的反应。结果表明，在这些惊惧的小鼠的大脑中，脑区各部分之间的连接也遭到了破坏。

看到现在，你可能不明白，两种小鼠的反应与我们选择晚餐之间有什么关系。前额叶皮层和脑干之间的连接能够调节本能反应，帮助我们克服来自脑干的生存恐惧。如果没有这种连接，来自脑干的本能信号可能会让我们错过很多值得去做的事情，比如学会骑车（克服卸掉辅助轮后，失去平衡的本能恐惧）。同样地，理性的前额叶皮层可能会抑制你吃汉堡薯条套餐的冲动（提醒你：你1个小时前才吃过，再吃就不健康了）。

科学家还注意到，即使克制住了冲动行为，也还是会感觉到紧张、害怕或渴望。神经学方面的这一证据，证明了一句话：“勇敢并非不恐惧，而是敢于直面恐惧，并坚持去做我们应该做的事情。”

托德·黑尔（Todd Hare）在《科学》（*Science*）杂志上发表过论文，他表示：“自控力强和自控力差的人之间，激活背外侧前额叶皮层的能力可能存在差异。”由此我们可以得出这样的结论：**自律和抑制本能的能力，实际上是特殊脑区前额叶皮层的功能。**这个结论令人着迷，也引出了另一个问题：如何加强前额叶皮层的功能？拥有自制力，是因为拥有强大的前额叶皮层吗？还是因为拥有自制力，所以强化了前额叶皮层呢？

在接下来的章节中，我们将探究这些问题的答案，同时从以下视角来研究自律的问题：

- 习惯。
- 价值观和原则。
- 身体健康状态。
- 思维过程。
- 情绪。

神经科学家可以观察大脑活动并推断其功能。但生物学基础并不是自律的全部。如果深吸一口气，选择了吃七分饱而不是大吃特吃，仅仅是因为大脑的操纵吗？还是因为习惯、个人价值观，抑或是所处社会环境的影响？答案是：所有这些要素的综合影响。

虽然我们从认识大脑开始，但这仅仅是个开始而已。从上面的实验中，我们了解到，自律是一个360度全方位的现象。当我们在情感、行为和认知层面上给予反应时，物理和神经化学层面上也有同步反应。

注意

读到这里，思考一下，你期望自己做出什么改变？你如何看待自律？这些想法又是从何而得的呢？

本能反应与自我调节

现在让我们把视角转到棉花糖上去，着重关注一下著名的"棉花糖实验"。20世纪60年代末，沃尔特·米歇尔（Walter Mischel）对自我控制的概念产生了兴趣。他思索着一个特别的问题：未来人生成功与否，会受到延迟满足能力的影响吗？

米歇尔让学前班的孩子们待在各自的房间里，并坐在放着棉花糖的桌子前。然后，研究人员告知孩子们自己要离开房间，并给孩子们两个选择：

1. 先不吃棉花糖，等研究人员回来之后，会得到更多的棉花糖。
2. 如果实在等不及的话，可以先吃棉花糖，但就不能得到更多的棉花糖了。

研究人员在另一个房间里，记录每个孩子坚持不吃棉花糖的时间。并在接下来的几年时间里，持续跟进孩子们的成长情况。几年后，研究人员发现，那些能够较长时间抵御棉花糖诱惑的孩子，学习成绩更好，并更具有社会责任感，更自信。根据米歇尔的说法，学龄前儿童抵制棉花糖诱惑的认知技能，与在整个成长过程中懂得自律和自我调节的认知技能，是相同的。

米歇尔阐述了冷系统和热系统的理论。在这一理论中，**情感和本能的反应（“去做！”）被理性、缓慢的中性反应（“认知”）所控制。这听起来似乎有点像脑干和前额叶皮层之间的关系！**

在当今世界，创造、维持和奖励上瘾及冲动行为，淡化长期回报，已成常态。我们可以选择不让自己被消费主义和即时快乐的潮流裹挟，活出自己的人生态度。

延迟满足为我们提供了一种方法，意味着个体延迟实现即时满足的冲动，并期待在未来获得回报。这个术语经常与自我调节、自律和自控的概念同时出现。

正如所见，抑制和自我调节的行为有点违背人性。它让人有意识地选择当下不尽如人意的选项，以便创造更好的未来。这种能力更重视未来，要求人们足够成熟，能够自律和自控，因为把握当下的快乐往往是默认模式。

进化成积极寻求即时满足的样子，对人类来说非常合理：明天会怎样，没人能保证，但我们真实地生活在当下，每一天的生活质量都很重要。理由听起来无法反驳，但如果放任自流，这种机制可能会导致后果不可逆的行为。

选择健康饮食，拒绝有害的成瘾行为，认真地生活在当下，并对自己的未来负责，习惯性地避免分心和干扰，大概不会有什么实现不了的目标。总而言之，前额叶皮层和脑干之间的斗争归结为两件事：

1. 做本能的奴隶，服从于冲动，沉迷于当下的即时满足。
2. 为实现长期目标而控制本能反应，有意识地作出选择。

即时满足的诱惑

扪心自问，我们容易屈从于冲动吗？我们擅长延迟满足吗？

缺乏自律和延迟满足能力，在不同人的生活中会以不同的方式表现出来。例如：

维姬不喜欢妥协，如果一段感情维系得很艰难，她宁愿直接结束。她没有一段感情能持续超过一年，她感到很疲惫。她总是选择开启一段有趣的新关系，以获得即时满足，而不愿与身边人在有分歧的方面磨合。

杰登已有爱妻，却沉迷色情制品无法自拔。他难以克制欲望冲动，在社交媒体和网络世界寻找即时满足，而这侵蚀了婚姻中的信任。他越来越没有耐心与妻子进行深度交流，夫妻间的爱意逐渐消散。

劳拉是一名学生，垃圾食品正逐渐摧毁她的生活。超重逾45公斤的她觉得自己的健康和自尊都已经支离破碎了。她明知不该，但还是把为数不多的可支配资金浪费在高脂高糖的食物上，可有时她根本不喜欢这些食物。

迈克聪明，有激情，且才华横溢。近10年来，他一直试图写一本书。但不知何故，他似乎永远都没有足够的动力和专注力，去支持他完成这个梦想。往往刚提笔，思绪就会游离，他没办法专注下来。比起写作，刷短视频和帖子明显更快乐。找借口、拖延、分心，这样一天下来，与自我的斗争让他疲惫不堪。随着40岁生日的临近，他悲哀地意识到，所有这些短暂消遣都没有带来任何成果，他的梦想仍然只是一个梦。

注意

从1到10分，我们给自己的自律能力打多少分？如果没有打高分，我们认为问题是什么？

也许是：

- 我们所处的环境中到处都有分散我们注意力的事物。
- 我们感觉自己当下的状态很糟糕（沮丧、焦虑），于是像抓住救命稻草一样紧紧抓住短暂的快乐和即时满足。
- 我们担心自己无法洞悉做成一件事情的真正规则（例如，减重是不是只需要控制卡路里摄入就可以了？可为什么有人并没有刻意控制卡路里摄入，没有过着苦行僧一样的生活，依然保持苗条和健康的身材？），耳边有无数相互矛盾的建议，到底怎么做才对？
- 我们觉得即使做到延迟满足，也不能保证有回报，就算有回报，努力和回报也不一定成正比（例如，今天放弃了蛋糕，也许过段时间仍然超重；辛苦进行了半个月的节食减肥，体重只减掉了1斤……）。
- 我们不知道什么时候会得到回报，这种感觉就跟没有回报相差无几。但即时满足就摆在我们面前，触手可及。
- 我们不相信自己有能力把事情办好，不相信自己会做出改变。

换句话说，如果有明确且切实可行的时间框架（即知道要等多久才能实现冲动），人们会更好地控制自己。把前文阻碍自律的原因反过来，就变成了一个引导我们摆脱冲动的路线图，我们可以通过以下方式培养强大的自控力：

- **环境**：积极管控所处环境中影响自律的事物，减少接触。
- **内心**：确保内心平静满足，以免把满足冲动作为快乐的唯一来源。
- **自我**：了解你自己，不要过度在意外界的规则与评价，用让自己快乐和舒适的方式达成目标。
- **目标**：选择的目标适度合宜、切实可行，且有理由确信能达成。
- **评估**：设定细分目标，规划时间周期，在每个阶段初期再重新评估预期回报。
- **提升**：树立自信，相信自己有能力、有毅力做到自我提升和完善。

继续往下阅读，你会发现很多不同的方法来实现上述这些目标。

自律为什么让我们痛苦

你可能不理解，为什么要在自律的触发因素上长篇大论。你是否想要跳过这些内容，立刻阅读能助力我们尽快轻松实现目标的技巧？关注一下这种冲动——它实际上可能正是缺乏自律的标志之一！

毕竟，**对快速解决问题的渴望，与对即时满足的渴望，是一样的。**当我们注意到自己产生了这种反应时，就会发现，自己优先考虑的是当下的回报与即时结果，以及短暂欲望的满足。在冲动的时刻，我们忽略了未来。而沉浸在自律收获中的我们，会将注意力放在另一种快乐上——将在日后到来的，更大的快乐。

如果盯着一块诱人的巧克力蛋糕，我们很可能觉得，此时此地把它吃掉，就是世界上最美好的事了。但是几周后，巧克力蛋糕的味道早已被我们抛之脑后，我们开始寻觅新的甜食与即时快乐。长期如此，有一天我们盯着镜子里的自己，可能会意识到，对我们来说健康的皮肤状态更有价值。专注于延迟满足和高度自律带来的好处，就能着眼于更大的奖赏，并正确看待暂时的快乐。

当我们在纠结自律问题时，其实是脑干和大脑前额叶皮层正在作斗争。脑干是大脑中最原始的部分，它会告诉我们："只管去做！当下才是最重要的！"但前额叶皮层是进化程度更高的部分，它会让我们停下来，并告诉我们："关注我们的行为带来的后续影响。这真的是我们想要的吗？满足当下的愿望和欲望对我们来说真的如此重要吗？"

让前额叶皮层介入并帮助我们作出理性的选择，其好处包括：

- **更健康的生活状态**——我们不会对不健康的食物上瘾，不会经常摄入超出自身所需的食物，这样就将免受超重以及由此带来的各种疾病的困扰。同时，我们也不太可能被成瘾性物质俘虏。过度依赖咖啡因、酒精或尼古丁带来的精神振奋感，会剥夺我们的自由意志，破坏我们的生活质量。
- **更好的学术或工作表现**——对于儿童来说，自律与更好的教育成果相关，如更高的出勤率和更好的成绩。对于成年人来说，自律与较少的屏幕使用时间和较少的分心相关。自控能力更强的人往往拥有更高水平的薪资和威信。
- **更好的人际关系**——无论与家人、朋友还是同事相处，学会调节情绪，暂时抛开自己的表达欲望，专注地倾听他人，都会让关系更进一步。自律也意味着对自己负责，划定良好的界限，在必要时拒绝他人的要求或干扰。就像注意力持续时间短会导致工作效率低一样，在人际关系中，自控能力差会导致与他人的关系浅薄而不如意。

- **更健康的心理状态**——自律的人知道如何坚持自我意志，并在分心或诱惑面前坚守初心，这样的人拥有更成熟且更坚韧的自信心和自尊心。
- **实现目标的可能性更大**——事实上，最令人印象深刻和最令人满意的目标，从来都不是偶然达成的。如果始终困在当下，被暂时的快乐分心，会很难朝着远处的目标迈步，无论是创办企业、保持健康身材还是扛住高等教育的严格要求，都是这样。

更强的自律能力还带来了一个很大的好处，那就是：有能力控制自己的生活。

如果认为思想、感觉和行动背后的驱动力是自己而非外部事物，就会产生满足感。**我们中的许多人认为自律无聊又困难，几乎像一种惩罚。我们想象出一个内心的教官，其日常工作就是剥夺我们的快乐，让我们得不到渴求之物。**

但我们可以重构这种理念。自律和自控实际上是创造更多自由的唯一手段，而这种自由使我们得以选择想要的生活。虽然需要练习，在这个过程中会犯错误，但都是值得的，因为掌控自己实际上是一种快乐、平衡和平静的状态。我们内心深处真正想要的东西，就是这种状态，而不是蛋糕，也不是社交媒体上让人眼花缭乱的短视频和帖子。如果用这个事实反复提醒自己，就会让自己处于自律的喜悦之中，并让前额叶皮层作出最终决定。

自律是优势，也是陷阱：意志力疲劳

自律就像肌肉，越锻炼越健硕，越健硕就越容易发现——曾经认为无法做到的事情，也变得不再艰难。但自律也像肌肉一样，力量会被损耗，需要放松。就算是世界上最强壮的人，也会在持续的训练中耗尽肌肉力量，变得虚弱疲惫，直至休息后复原。在一动一息的过程中，肌肉形态得到了塑造，肌肉力量得到了增强。

人们倾向于认为，意志力是一种全有或全无的东西，要么拥有，要么没有。但意志力是一个油箱，可以填满和排空，并且受到个人选择和所处环境的影响。最近美国国家科学院发表了一项著名研究，展现了心理学家检视1112项“司法裁决”后的发现。审判人员需要决定这些案件中的罪犯是否应该被假释出狱。研究人员惊讶地发现，影响审判人员选择的，似乎不是摆在面前的案件的特性，而是作出裁决的时间段。

也就是说，在清晨，审判人员往往会有65%的概率作出对罪犯有利的裁决，但随着时间的推移，罪犯获得假释的概率逐渐下降。午餐后，正面裁决率回升至65%。然后，这一百分比再次稳步下降，到一天结束时，概率接近零。谁都能猜到原因。审判人员单纯是累了！午饭后，他们恢复了精神，能够对案件给予充分和公正的关注，但随着处理的事情越来越多，面对繁复的庭审过程，他们的“决策疲劳”越来越严重，作出的裁决也变得不那么仁慈。无论罪行是强奸、谋杀还是诈骗，模式都千篇一律。可以理解为，每个审判人员的决策肌肉都越发疲惫不堪，越来越不能正常发挥作用。

所谓的“决策疲劳”也可以理解为“意志力疲劳”。审判人员的意志力并非从始至终都很高或者很低。相反，他们会逐渐耗尽或获取意志力。同样，上周二晚没能自觉管住嘴并不意味着意志力低下，可能只是因为那天的意志力账户已经透支了。我们可以对诱惑说一次

“不”（这是对意志力肌肉的一次使用），之后还可以再拒绝诱惑十几次（这是对意志力肌肉的更多使用）。但到了晚上，那可怜的意志力肌肉就会精疲力竭。

最重要的是，意志力肌肉（前额叶皮层）一天中负责了很多不同的工作，把所有的意志力花在一个任务上，就不能用于另一个任务了。例如，我们一整天都在工作，解决问题，作出决定，抵制干扰。但到了去健身房的时间，哪怕已经坐了好几个小时，我们还是会觉得站起来运动很累。我们不是懒惰，是真的很累。只不过，疲惫的除了因为久坐而倦怠的身体，还有已消耗殆尽的意志力和自控力。

注意

你的意志力上一次消耗殆尽是在一天中的什么时候？是在什么情况下？是什么让你在其他时候都能保持自律，在那时却做不到？如果无法回忆起上次的情境，那在今天留心关注一下自控意识是如何增强和减弱的吧！

如何走出自律陷阱，保护意志力

那么，如何走出自律陷阱，避免意志力过度消耗呢？奇迹般地创造更多意志力是不可能的。培养和提高自律意识，要通过保护和管理已经拥有的意志力来实现。

这里有几个简单的方法。请注意，任何情况下，都不需要强硬地处理事情，也不需要英勇地抵御诱惑。请记住，意志力能坚持的时间有限。我们需要一个策略，使得自己在意志力肌肉疲劳和处于恢复状态时，仍能让各项事务都保持应有的秩序正常运作。

先做重要而不紧急的事情

优先处理最重要且最费劲的任务，听起来让人望而生畏。很多人被事情的复杂程度吓倒了，尽管事情的重要程度不言而喻。很多人并不是真的缺乏意志力，而是对意志力管理不当，用错了地方。

我们应该养成一个好习惯：开启一天的学习或工作前，先问问自己，“今天完成哪件事，会最满意也最有成就感？”得出结论后，就先做那件事，尽管看起来很难开始。在完成重要的事情后，再着手处理其他不太重要的事情，不要让这些次要事情打乱计划或分散注意力。例如，我们可能每天上午9点到11点神清气爽，精力最充沛。把自己一天中状态最好的两三个小时划拨出来，把这一时段的精力投入在最重要的目标上。在这段时间里，与其让自己被无聊的初级工作绊住脚步，消磨意志力，不如做真正的重要而不紧急的事情，如制定战略、做创造性工作或解决关键问题。

开启自动化模式

大量的心理自助建议告诉我们要“下定决心去做”，这没什么不好。只是我们现在知道了，意志力和决策力并不是无穷无尽的，相反，它们是需要珍惜的有限资源。

我们可以将一些事情设置为自动模式，也就是说，如果能让某件事自动进行，那就不必再为它做决定。或者说，只做一次决定，就继续往前推进。例如，如果“每天晚饭吃什么”这种无法避开的事情正在消耗大量意志力，那就减少自己做这个决定的次数。我们可以每周集中采购一次，批量处理好食材，并贴上标签。这样就可以提前知道每天吃什么，不需要每天都思考这个问题。

这就是计划表和习惯的目的——保护我们的意志力资源。决定今晚应该做这还是做那，可能会耗尽意志力，但如果有计划表，这个问题就不复存在了。只要查阅计划表，然后去做，就行了。

不要自责个不停

在一天中精力最充沛的时候，先着手做重要而不紧急的事情，哪怕任务艰难。提前规划意志力和决策力的使用空间、时间，减少自己做决定的次数。但即使如此，我们在意志力肌肉疲惫的时候，也会作出过后后悔的选择。这意味着我们还需要一种策略来处理不可避免的失误。最好的策略是不要陷入自责和绝望，毕竟，这会让我们没法坚持下去！相反，对自己要有同情心，接受我们做出的失误选择，不要把自己逼得太紧了。可以在原地休整一下，反思一下选择是怎么做出的，然后尽快恢复成积极状态，朝着正确的方向再次行动起来。

例如，我们可能在饮食上没能抵制诱惑，破例了一次，感觉很糟糕。但请原谅自己，给自己改正的机会。如果能够让悔恨得到充分利用，那就更好了。问问自己失败的原因，思考下次如何才能做得更好。

采取行动

为今天的任务列一个待办事项清单，把重要而不紧急的事情写在第一位，并在自我感觉状态最好的时候将它们全部完成。记得要留意自己的感受。

自律通关指南

- 要想过自律的生活，需要了解两个主要原则：（1）审视自身，保持清醒的认知；（2）采取有意识的行动。
- 自律具有生物学和神经学基础，始于此，却并非止于此。我们的决策，源于原始而本能的脑干和高级的前额叶皮层的对立影响。自律程度就是这两个部分之间的联系程度。
- 延迟满足是指延迟实现即时满足的冲动，并期待在未来某个时候获得回报，这是自律生活的重要组成部分。了解倾向于即时满足的原因，能帮助我们消除其消极影响。
- 通过专注于延迟满足和高度自律的好处，我们会着眼于更大的奖赏，并正确看待短暂的快乐。在所有的好处中，最重要的是我们能够真正掌控自己的生活，即获得更多的自由。
- 意志力就像一块肌肉。它会随着反复使用而增强，但也会变得疲劳，因此需要时间来恢复。保护和管理意志力的第一步是，在一天中精力最充沛的时刻完成最重要的任务；下一步是为其他事情开启自动化模式，减少做决定的次数。当失误产生时，不要过度责备自己，而要从内疚中获得完善自我的机会，继续前进。

第二章

我们为什么抗拒改变

在上一章中，我们了解到，自律是有生物学基础的。我们也知道，意志力是有局限性的，是一种有限的资源，需要计划和管理。但只知道这些还远远不够，我们还需要进一步了解自身可能存在的一系列认知偏误，并识别这些会阻碍我们进步的心理障碍。

注意

在继续阅读之前，暂停一下，诚实地面对自己。如果你觉得自己目前不自律，你认为是什么阻碍了你？

现状偏好

1988年，研究人员威廉·塞缪尔森（William Samuelson）和理查德·泽克豪泽（Richard Zeckhauser）进行了一系列实验，旨在探索某种认知偏误。其中一个实验是这样的：假设参与者继承了一大笔钱，需要根据一系列给定选项选择投资方式。一组参与者的测试是“中性版本”的，另一组则是“现状偏好版本”的。

在“中性版本”中，参与者只被告知继承了一笔钱，需要他们选择如何投资，怎么选择都可以。在“现状偏好版本”中，另一组参与者也被告知继承了一笔钱，但这笔钱已经以某种方式进行了投资，如果他们愿意的话，可以选择重新投资。现在想想，在第二种情况下，我们会怎么做？保持已有的投资状态（即保持现状），还是作出刻意的改变？

实验结果显示，在第二种情况下，人们倾向于维持现状……尽管他们有权利做出改变。事实上，摆在眼前的选择越多，人们就越倾向于维持现状。与择优作出选择的“中性版本”组相比，这一点就更加明显了。不论现状的客观性优势和劣势如何，人们还是倾向于维持现状。

“现状偏好”是指倾向于保持自己的现状（任何现状，糟糕的现状也一样），这是通往自律路上的主要障碍之一。在作出重大改变的过程中，我们可能会踌躇不前，可能会等待那个不得不改变的时机到来，我们质疑自己并非真的想要做出改变，我们感到沮丧和困惑。如果自己真的如此渴望实现某件事，那为什么还没有去做呢？答案可能仅仅是，至少在一定程度上，我们更喜欢熟悉的事物。

这在一定程度上解释了很多现象。例如，人们即使继续居住在各种客观条件都很糟糕的房子，也不搬到更好的房子；人们倾向于在餐馆反复点同一道菜，尽管他们并没有充分的理由证明其他的菜不好吃；顾客不喜欢经常去的商店的布局发生改变，尽管可能这种变更会给顾客带来更多的便利。

选择保持现状不变，这种策略不无道理。毕竟，保持现状可以节省精力（还记得吗？意志力是一种有限的资源）。如果某些东西已经普遍奏效，为什么要冒险作出改变呢？事情或许会变得更糟呢。

不幸的是，即使原地踏步的代价明显超过其潜在好处，这种偏好仍然存在。除非睁大眼睛作出有意识的决定，否则我们很可能会陷入偏好陷阱当中。在影响最小的情况下，我们错过了成长和变得更好的机会；在最坏的情况下，由于不想作出新的选择，我们实际上“选择”了更糟糕的选择，放弃了更好的选择。同样地，仅仅因为有能力作出改变，就非作出改变不可，也不太理性，这也代表着自身的认知偏误。只有从真正的逻辑和有意识的理性出发，我们才不会被现状偏好所迷惑。

小到早餐吃哪种麦片，大到是否要和不合适的伴侣分开、换一份新工作、背井离乡生活，做各种各样的决定时，现状偏好就会骤然出现。**摆脱现状偏好有一个速成方法，即意识到不选择也是一种选择。**在做出选择还是保持现状之间，人们选择了保持现状。这是一种主动的决定，是一种预判可能带来积极和消极后果的决定。当选择不改变时，我们可能对改变的风险抱有某种特定态度。通常是在无意识的情况下，我们已经在评估当下的情况，衡量改变的成本与潜在的风险，以及判断改变成功的概率。在下一节中，我们将进一步探讨与这些评估权衡相关的概念。

采取行动

写下一个自己一直想要实现的目标，即使这个目标让当下的你望而生畏。然后停下来，留意一下，你的脑海中出现了哪些阻力或借口，让你觉得这一目标不可能实现？

沉没成本谬误

卡内基梅隆大学泰珀商学院的市场营销学副教授克里斯托弗·奥利沃拉（Christopher Olivola）指出，当人们已经在一件事情上投入了时间、金钱或其他资源时，人们就会倾向于继续努力把这件事情做下去。但如果这种效应迫使我们不开心或使事情的境况变糟，那它就变成了一种谬误。1980年，行为科学家理查德·塞勒（Richard Thaler）最初将沉没成本谬误解释为这样一种现象：“为某种商品或服务的使用权付费，会增加对该商品的使用率。”**沉没成本谬误会把人束缚在低效的事情上，是自律道路上的另一个陷阱。**

利亚姆和凯特琳已经交往了三年。第一年感情还不错，第二年相处有点难，第三年似乎就只剩下没完没了的争吵。第二年，利亚姆和凯特琳都意识到，彼此的恋爱观截然不同，但他们还是决定坚持走下去。对两人来说，这段感情是有史以来最长久的一段。他们是朋友们眼中的理想情侣。所以他们都不自觉地想：“好吧，已经走了这么远，最好还是继续走下去……”到了第三年，他们分分合合，吵架次数谁也数不清，他们为这段失败的关系投入了更多的精力。他们一起经历了那么多，放弃似乎已经成为一种羞耻。难道所有的眼泪和闹剧都是徒劳的？于是他们继续坚持着，直到凯特琳怀孕，直到他们有了一个孩子，直到他们说：“现在不可能分手了，我们有孩子了。”

几年过去了，利亚姆和凯特琳仍然很痛苦，但此时他们结婚了，背负着巨额贷款，还要养育两个孩子。在旁观者的眼中，他们在填一个不可能被填满的无底洞。可当事人利亚姆和凯特琳觉得总有一天这个洞会被填满，他们可以不再吵架，有喘口气的机会。已经走了这么远，现在放弃也没什么意义，对吧？

有时，利亚姆和凯特琳会回顾他们的恋爱初期，回顾他们在一起的第二年，并意识到，当时分手对他们会更好。坚持下去只会让彼此更难放手，因为他们在这个注定失败的关系上投入了越来越多的成本。如果保持现状，只会越陷越深，越来越难脱身。

读到这里，一些人可能觉得继续走下去，终有一天会以某种方式收回已经投入的成本，但事实并非如此。如果利亚姆和凯特琳早点分手，他们将“失去”这两年。但无论如何，这两年早已过去了。他们坚持在一起，把糟糕的两年变成了20年——这是沉没成本谬误主导决策的典型例子。让我们陷入陷阱的是这样的想法：“如果继续下去，游戏还在进行中，仍然有可能发生些什么，让已经投入的一切都变得值得。”但事实上，这种情况少之又少。

人类并不总是理性的决策者，我们都容易受到偏见和谬误思维的影响，尤其是在面临高风险的时候！沉没成本谬误与“承诺偏见”密切相关，即如果承诺了要做某件事，就会倾向于继续做下去。坚守承诺当然令人钦佩，但看看下面这个例子。

我们买了新油漆，用来刷自家的墙。新油漆是一种新潮的绿色，我们起初真的很喜欢这个颜色，所以买了10罐油漆。但在粉刷完一个房间的墙壁之后，我们开始怀疑当初的决定。为了避免陷入改变主意的尴尬，即使已经开始讨厌这个颜色了，我们也还是坚持原来的选择，继续把墙刷成这种颜色……

然而，事实是，无论错误出在买了10罐不忍睹的绿色油漆上，还是出在将它刷到我们家的每一面墙上，这都是一个错误！在这种情况下，理性的做法是打破最初用完10罐油漆的承诺（冲销成本更是不必再提），做其他事情来阻止事态变得更糟。怎么做呢？

要理性思考，记住你无法挽回已经失去的、已经付出的。那些成本已经沉没了，之前的一切已经结束了。在我们考虑眼前真正重要的事以及面临的实际选择时，不要让沉没成本过多地干扰我们的决定。

把重点放在当前和未来上，而非过去无法改变的事情上。你可以这样自问："我能改变已经支付/投资/承诺的东西吗？"如果答案是不能，那就忽略之前那些，只关注眼下正在做的事情。

如果陷入困境，但又舍不得放弃，请记住：**关注未来的成本和收益，而不是过去的承诺。**打破曾经许下的一个承诺很难，我们可能会感到悔恨、内疚或自责，但与其陷在糟糕的情绪与现状当中，不如立刻行动起来。迈出这一步很难，但迈出这一步的同时，也意味着你离内耗又远了一步。

采取行动

停下来，思考一下，你当下被什么困住了？沉没成本是否左右了你的决定？

损失厌恶

要想解释阻碍真正的自我控制和自我超越的下一个认知偏误，得先看看下面这个案例。朋友想和我们玩抛硬币的游戏。如果正面朝上，朋友给我们20美元；如果反面朝上，我们就给朋友20美元。那么，我们想玩这个游戏吗？

答案很可能是否定的，其原因是行为心理学家所说的损失厌恶。损失厌恶是一种认知偏见，即比起同等数量的收益（在这个例子中是20美元），人们在心理上更在意损失。在这个例子中，某种程度上，比起有机会获得同等数量的潜在收益，遭受20美元的潜在损失更加令人难以忍受。

阿莫斯·特维斯基（Amos Tversky）和丹尼尔·卡尼曼（Daniel

Kahneman）率先对损失厌恶进行了探索和扩展，其研究课题包括损失厌恶的概念、损失厌恶如何影响人们对价值和奖励的处理，以及这种处理方式如何反作用于行为。损失厌恶是个要点，因为它可能会危害自律能力的培养，并阻碍我们有意识地做出选择。

实际上，大脑总体上对潜在的损失更敏感，会表现出更强烈的反应。特维斯基和卡尼曼几十年前提出的理论，在美国由拉塞尔·A.波德拉克（Russell A. Poldrack）为首的研究人员发现了神经学基础的证据。更重要的是，他们发现，不同个体的“损失敏感性”也会有一定的差异，例如，实际上厌恶风险的人其大脑对损失和收益都表现出更高的敏感性。迄今为止，科学家仍在分析大脑处理风险和回报的各类复杂方式。**总的来说，大多数人面对损失之痛的反应大约是收获之乐的两倍。**

想象一下，朋友提出再抛一次硬币，如果正面朝上，朋友给我们40美元；如果反面朝上，我们只需给朋友20美元。这样一来，我们是否对游戏更感兴趣了呢？不仅仅是钱，任何被赋予价值的东西，都是这样的。

这种偏好的存在合情合理。对远古先祖而言，潜在损失和风险可能导致个人死亡或部族毁灭，对风险的高度重视能够增加存活的概率。而看淡潜在收益看似考验人性，但实际上并不需要人们时刻做好准备，因为潜在收益实现与否并不影响生存。市场营销人员、政客和销售人员都很清楚这一点，因此他们想方设法地激发人们对损失的恐惧，而不是对回报的期待。即使是牧师，比起指出天堂的好处，也更倾向于细述永恒的诅咒和地狱之火的痛苦。

这些都很有趣，但对于自律的养成而言，有什么用呢？

我们要明白，损失厌恶是心理构成的一部分。这一心理的出现是正常的，这并不代表我们胆小、懦弱。

任由损失厌恶主导个人决策，意味着我们甘愿被恐惧驱使，而选择不去相信自己能做到的事情。如果总是低估潜在的回报，可能会难以作出积极的改变（就像现状偏好的影响一样！）。放任损失厌恶主导财务决策，乃至个人发展和人际关系，意味着将自己的部分潜能掩埋起来。

所以说，自律不仅意味着遏制不健康或有害的冲动，也代表着我们给自己理性决策的机会，从而充分挖掘个人潜能、直面恐惧，做出理性的决定。

如果出现以下情况，我们就会明白，损失厌恶确实是很大的问题：我们觉得自己根本无法应对任何风险，即使是很小的风险也一样；我们回避新挑战和新任务，因为怕表现得很蠢、怕犯错误，或担心可能会危及当前的职位；我们常常羡慕别人勇于作出改变，觉得自己永远做不到；我们试图在心中演绎出事情的千百种结局，预测每一个微小的可能结果，或控制每一个机会或随机性，最终陷入“分析瘫痪”的陷阱中；回首往事，我们常常希望自己当时能果断行事、勇往直前，尤其是，维持现状已被未来证明会带来更多麻烦……

损失厌恶不仅与个人经历和社会文化有关，还是一种认知和神经学现象。杏仁核是大脑中与生存导向的自动功能以及膝跳式情绪反应有关的部分。它由风险和恐惧驱动，专注于损失。而纹状体和脑岛等高级脑区，是处理此类反应、作出预测并计算风险与潜在回报的地方。我们可能会对某种情况产生冲动的反应，然后想：“这太冒险了，不行！”

但高级脑区会介入并注意到这种自动反应。意识到存在过度夸大潜在损失的倾向后，我们可以选择理性地抑制来自杏仁核的恐惧信号。“风险确实存在，但没有想象的那么大。况且，潜在回报丰厚，也值得冒险。”

- 我们有自我意识并且能够选择如何处理对未知的恐惧，并让自律和自控接管及指导生活。承担某些风险可能很可怕，但我们能够以有计划和平衡的方式来承担，抓住机会，作出与个人价值观和原则一致的、有意识的行动，持续成长、发展和学习。
- 挑战内心的损失厌恶，首先要有意识地练习。一旦觉察到自己的思想和行为，就可以通过不同的方式描述情况。我们可以说，“我可能会损失20美元”，也可以说，“我可能会获得20美元”，每一种说法都会改变关注点。试着以不同方式理解问题和情况，把潜在收益放在聚光灯下，而不是纠结于可能失去的东西。
- 问问自己，遭受某种损失真的有那么严重吗？我们面对潜在损失时的消极态度，也会扭曲我们对一件事情的评估。也就是说，我们会想，“损失20美元真的极其严重，如果真的发生了，我会很不开心！”挑战这一假设，正确看待损失。
- 问问自己，我们愿意接受暂时损失的痛苦，换取更好的东西吗？每次选择保持现状，确实避免了潜在的风险，但也失去了获得回报的机会。如果尝试了，至少有机会得到好结果。如果不去尝试，那么得到好结果的机会百分之百为零！
- 面对遗憾要现实一点。人们往往担心将来会后悔当下的行动，却忘记了另一个潜在的风险——对未采取行动感到后悔。如果非后悔不可，那就后悔未做某事，而非后悔已做之事。

采取行动

写下让生活保持现状的5种代价。如果一成不变，你会错过什么？会对什么感到遗憾？哪些东西将永远得不到改善？

曝光效应

曝光效应是一种认知偏误，指的是人们会对熟悉的事物产生偏好。也就是说，我们倾向于喜欢了解的事物，不喜欢不了解的事物。显而易见，曝光效应对自律而言是一个问题：它是围绕舒适和轻松而优化的策略，而不是每个时刻的最佳决定。它不是理性的，而是感性的。

曝光效应在我们的生活中处处可见。想象我们进入一家从来没去过的餐厅，我们完全不熟悉菜单上的菜。我们看着菜单，感到茫然，突然发现了一道熟悉的菜。尽管这明显是个无聊又保守的选择，我们还是放弃了可能更好吃的新菜式（也许我们一开始就不会走进这家从没去过的餐厅，谁说得准呢？）。

当然，其中有风险规避的因素，但这种偏好或多或少是，“我喜欢熟悉的东西，不喜欢不熟悉的东西”。听起来似乎没有那么糟糕，我们确保了自己的选择不会出错。我们可能会持续购买一个熟悉品牌的商品，即使它已经不再适合我们了，回购它只是因为我们买惯了，而且对它很熟悉。这种温暖而模糊的熟悉感，被我们误认为是对该选项良好特性的客观评估。但就像损失厌恶一样，我们并没有真正根据当前选项的优点作出理性的选择。

我们可能会对自己作出的选择感到满意，但这只是一种幻觉。

我们所做的只是缩小了视野，限制了未来的决策，错过了本可以获得更多利益的机会。换句话说，我们最喜欢的菜可能就藏在菜单上，只是我们永远不知道，因为我们默认了安全熟悉的选择。更糟糕的是，我们可能永远不会意识到自己原来还可以吃到不同的美味佳肴。

没办法，**正确的选择不一定是最熟悉的。**

事实上，正确的选择可能闻所未闻，见所未见！也就是说，要想作出正确的决定，需要走出舒适区，去寻找。我们仍然会受到曝光效应的影响，去寻找的选项也总是围绕着那个最安全的选项，但若能接触更多不同的想法和选项，实际上就会对更广泛的可能性产生熟悉感。这种认知偏误的真正问题在于其隐蔽性，而且如果不知道某事正在发生，就无法着手处理或作出改变。例如：

- 是时候去度假了，但我们的伙伴们却是一群老古董，不想去以前没去过的地方。他们问："我们就到去年那个度假村去，不好吗？"
- 一家企业陷入困境，于是请来了独立咨询顾问。但老板坚持认为："咨询顾问懂什么？我们可是做了十几年的生意，谁会比我们更了解这家企业呢？"
- 学生提交了一篇论文，负责审核的学者认为写得太出格了，于是把论文打回去，要求学生重新提交符合院系主要思想流派的文章。
- 我的表姐穿着一件棕紫相间的荷叶边连衣裙，外加一双惠灵顿高筒靴，来参加我的派对。我脑子里冒出的第一个念头就是："我不喜欢她穿成那样。"而实际上，我的真实感觉更接近于："呃，我以前从没见过她穿那样的衣服。"

如果处于刻板印象、自动行为、同伴压力、假想和“传统”的影响之下，人们往往会错误地把熟悉的东西设想为最好的东西，把舒适感和可预测性当作喜爱。同样地，这种情况有着进化层面的原因。坚持已知的事物，可以简化生活，并减少不确定性的威胁。处理新事物需要付出认知上的努力，而且新事物往往伴随风险出现。既然现有的一切都运作正常，为什么还要改变呢？

答案是：我们高估了当前状况的实际效果。

熟悉和舒适不是做决策的良好依据。依赖这两点似乎会让生活更轻松，但在这个过程中我们交出了自己的决策权。默认让熟悉的选择替我们做决定，不仅可能会让我们错过宝贵的机会，还削弱了自律。久而久之，我们越来越依赖于熟悉的事物，以至于无法做出任何改变。

- **我们要有意识地增加曝光度。**即使一开始会感觉有点怪异，也要有意识地求新和谋变。给每一个新刺激或新想法一些时间，慢慢适应它们。尝试点几次新菜，或者以开放的心态倾听新概念，再决定是否要反对。不要让最初的不适决定之后的事情走向——对新事物产生不确定感，是大脑的自然反应，接受这种不确定感，然后诚实地考虑事情。
- **拥抱不确定性。**不要急于决定自己是否喜欢某个事物，或者某个事物是好是坏。停留在中立的“观察者模式”中，单纯只是收集信息，不一定非要得出结论，看看自己能坚持多久。
- **提醒自己，中立并不是坏事。**扩展视野和尝试新事物是有价值的，即使最终证实新事物并不令人愉快也一样。所以，当尝试新事物时，不要担心它能否带来惊喜。新事物可以是中性的，中性并不等同于坏事。

- **积极地探索与现状相反的事物。**这可能听起来很可怕，但请记住，我们依然在主动做出选择，而不是被动接受选择。真诚地接纳反对意见（不要一味坚持稻草人谬误[①]），并诚实地面对能够改善当前处境的方法。善于从生活中学习的人，往往勇于检验自己的设想，挑战自己偏爱的理论。

采取行动

在一周的时间里，试着打开自己的视角，每天做一些不熟悉的新鲜事。选择做什么事情并不重要，关键是要在某些方面与你的日常生活有所不同。

邓宁·克鲁格效应

说到培养正确的自控和自律的障碍，我们要思考的最后一个认知偏误是邓宁·克鲁格效应。邓宁·克鲁格效应是指一个人在某一领域缺乏能力，但仍然认为自己完全有能力在该领域发表意见或履行职责……即使达不到客观指标，或其他人可能不赞同。从根本上说，这是一种双重无知，即不仅不懂，也不知道自己不懂。

我们一定在现实生活中见过这种效应。有些人不过是在一个月前了解了一种新理论、新理念或新技术，现在就表现得像该领域的世界顶级专家一样了。他们与该领域真正的专家对话，真正的专家因为

① 是一种错误的论证方式，指的是在论辩中有意或无意地歪曲论题的立场以便能够更容易地攻击论敌，或者回避论敌较强的论证而攻击其较弱的论证。——译者注

知道手头问题的复杂性，发言非常慎重……这就使得前者有很多机会大肆宣扬自己的见解。这显然是一种令人尴尬的偏误，但确实时常发生。事实上，成功人士对自身能力更准确的评估本身，就是能力的表现——他们足够聪明，所以知道自己有多聪明。

贾斯汀·克鲁格（Justin Kruger）和大卫·邓宁（David Dunning）率先发现了这一现象。他们观察到，一个人的能力和对自身能力的信心往往是成反比的。这合情合理，毕竟缺乏认知或见解的人可能也缺乏一项至关重要的认知和见解——对自身能力的准确评估。

在克鲁格和邓宁20世纪90年代的原始研究中，参与者被客观评估幽默、逻辑和语法等技能。然后，他们被要求自我评估。那些在客观测试中得分最低的人往往极大地高估了自己的表现，而那些客观得分最高的人实际上低估了自身能力。更重要的是，客观得分最低的人高估得最严重。

哎哟喂！为什么会发生这种情况？因为缺乏洞察力和自知之明，也可能单纯只是存在认知盲点——我们不可能知道自己不知道的东西。还有一种可能是，那些高估自己能力的人进入社会后，往往会主动拒绝反馈和教导，这意味着他们永远不会通过学习变得更好，所以能力也就停留在原来的水平。

在个人层面上，对自身能力评估的严重失准是明显的个人缺陷，但如果一个医生大大高估了自身能力呢？又或者是一个手握几十人生计的企业领导呢？邓宁·克鲁格效应更多是因为缺乏洞察力，而不是原始智力的问题，所以，认定这是蠢人的毛病或许未必合适。事实上，某个领域表现出色的人可能会更固执地相信，自己自然而然地对生活的所有领域都了如指掌，并依此行事。

在理智上保持谦逊

我们需要借助自律的力量来接受自己对某件事情的认知或者做法并不正确，可能在某个领域不是特别专业。在理智上保持谦逊意味着把真正的认知和见解当作目标，而不是把自负或自满当作目标。

如果我们能在理智上更谦逊，那就能培养更高水平的自律和更成熟的自知之明。这是一个良性循环——越自律，自我要求的标准就越高，在理智上就越谦逊。

不要总以为正确答案会快速浮出水面

从古至今，人们总是更偏爱天才一些，那些看起来毫不费力就能把事情做好的人，是天之骄子，是众望所归。我们总是希望自己是有天赋的那一个，能够对做成一件事情深信不疑，耻于不确定和犹豫。但是不管我们有多能干，有些事情确实需要时间来弄清楚。我们没必要仓促地采纳脑海中的第一个决定，可以花点时间来思考。天赋与谦虚做人、谨慎行事并不冲突。跟随自己的第一冲动行事，通常是缺乏自律的表现（也可能是单纯曝光效应的影响，或者仅仅是规避损失的情绪化尝试）。

例如，如果工作中有一个问题需要解决，我们可能会忍不住插嘴说："噢，我对这个问题很了解！我是这方面的专家，让我来处理。"然而，我们只要停下来思考一下，可能就会把问题看得更透彻，并给自己时间来真正地处理它。这更接近于真正的专家处理问题的方式。

不要认为无知是不对的

适应自身的局限性需要极强的自律和自我意识，更不用说“承认”自身的局限性了！认为自己无所不知并不比当个新手或纰漏百出要好。真正的大家是那些允许自己犯错误，接受自身认知局限性的人。能否欣然接受自己的无知，并保持一种无我的好奇心，是区分“固定型思维模式”和“成长型思维模式”的关键。拥有后一种思维模式的人勇于提问，也不怕犯错，因为他们知道这是成长和学习的途径。

固定型思维模式会让我们相信自己已经无所不知，并且没有更多我们想要了解的。要想转变思维模式，就要将能力视为一种可以努力获得和习得的东西。要想获得它，必须承认自己目前还没能拥有它！

简而言之，邓宁·克鲁格效应的最佳解药就是不做任何假设，简单地接受并承认无知，这会让人更加自由。在生活中存在一个克服邓宁·克鲁格效应的巨大障碍，即相信只有别人会有这种问题，自己不可能有！而这，需要依靠自律来不断地进行自我要求，才能达到更高的标准，你猜对了吗？

通过寻求反馈来加强元认知

元认知是反思个人思维的能力。当我们试图培养自律和自控时，就是在参与一种形式的元认知。任何时候都要反思自己的思维，而不是仅仅被自己的思维牵着鼻子走。倘若出现邓宁·克鲁格效应，可以做一件具体的事情来让元认知这个球滚动起来：寻求反馈。

多问一些值得信赖的人，勇于听取意见。在工作中向中立的第三方寻求其对我们个人技能的评价；加入一个写作小组来分享我们的作品，看看其他作者如何评价我们的作品；甚至可以和咨询师做一个性格或智力测试来准确地找出优缺点。

如果结果颠覆了我们对自身的评估，不要把这当作失败。祝贺自己正致力于真正的个人发展和自我认识，而不是沉浸在自鸣得意的幻想之中。这是一件真正值得骄傲的事情！

采取行动

找到身边某个能在我们想要改进的方面给我们反馈的人，和他或她谈谈！

自律通关指南

- 通过了解高度自律的潜在障碍，我们可以做好预测和准备。“现状偏好”是指倾向于保持现状（即使是糟糕的情况），它会阻止我们作出必要的有益改变。记住，不选择也是一种选择。
- 沉没成本谬误是另一个障碍。如果人们已经在一件事情上花费了时间、金钱或其他资源，那就会继续往这件事情中投入越来越多的精力，坚持把事情做下去，即使已经痛苦不堪。这种现象的根源是，没能明白消耗的东西已经没有了，或者说已经沉没了。要通过反思当前和未来的可能性所带来的好处来应对这种情况，不要惦记着过去无法改变的事情。
- 损失厌恶是一种认知偏误，即在心理上把损失看得比同等规模的收益更重，这也扭曲了我们的自律。用收益而不是损失来重新描述情况，转移我们的关注焦点。理性地分析当下的风险与潜在的回报，直面损失与遗憾，不被恐惧打倒，做出理性的决定。
- 曝光效应指的是人们倾向于喜欢熟悉的事物，也就是熟悉定律。然而，正确的选择未必是熟悉的。为了找到正确的选择，应当增加接触其他选择的机会，拥抱不确定性，主动做出选择。

◆ 邓宁·克鲁格效应指的是由于缺乏对自身能力的正确认识，人们很容易高估自身能力。盲目自信、相信自己无所不能、认为他人不如自己……这都是缺乏自律的表现。自律的人在理智上保持谦逊，承认自身的局限性，并主动寻求反馈来加强元认知。

第三章

自律生活的核心要义

我们已经了解到，自律和自控都与延迟满足、了解和管理自身有限的意志力有关。这种持续的拉锯战反映在神经化学层面中。在这个过程中，高级脑区必须学会掌握和调节由恐惧驱动的较为低级和原始的脑区。我们也了解到一些令人遗憾的情况，即许多认知偏误阻碍了自控能力的充分发展，包括沉没成本谬误、现状偏好和损失厌恶。

虽然存在这些偏误，但我们仍然能够培养自律，现在是时候思考有哪些可用的方法了。幸运的是，只需要坚持和练习，就能培养自律和自我掌控能力。即使现在我们还不够自律也不够专注，我们也可以做到，因为我们已经主动为自己做出了选择。

我们的开端切实可行：从日常习惯开始。习惯反映性格，而性格会帮助强化出理想的习惯。自律而专注的人所做之事可能各有不同，但做事的方式往往相差无几。了解了各种各样的拦路虎之后，我们来思考一下，一个人若是过着自律的生活，会是什么样子。

1.善待身体

我们已经了解到，意志力有其神经学基础。如果吃不好，睡不足，没能保持身强体健，我们就难以在精神和情感上掌控自己，也难以实现目标。保持健康的生活方式需要自律，也会反过来让人更容易自律！

做法如下：有稳定的睡眠时间表，保证至少8个小时的优质睡眠；饮食均衡，按时吃饭；积极管理压力，少生闷气，减少情绪内耗；把力量训练、有氧运动和柔韧练习等体育活动视作优先事项，探索属于自己的锻炼方式。

2.远离诱惑

说实话，我们周身环境的文化总是鼓励人们随时随地去满足心中的欲望。我们都已经内化了这样的想法：满足感和成就感等同于立即满足欲望。没有什么比这更离谱的了。

自律者明白，自己不可能要什么有什么。他们对自身局限性有着非常务实的理解，不会让自己陷入诱惑。如果能够在小的方面做到自我控制，就不必在日后付出巨大的努力来管束自己了。

3.分解目标

大目标令人生畏，但每个大目标都由一系列小目标组成。面对需要巨大投入的庞大项目，有些人的关注焦点落在任务的难度上，被吓跑，而有些人会问自己："能从什么样的小事切入呢？怎样才能把它分解成易于处理的部分呢？如果没法分解，那我能做些什么呢？"

关键是，如果能坚持每天走一步，坚持几年，就能实现宏大的目标。我们不必承诺达成宏大的目标，只要承诺达成当天的一小步就行了，仅此而已。一旦我们做到了，明天再来一次，然后坚持下去，继续前进。

4.主动规划日常生活

吉姆·罗恩（Jim Rohn）曾经说过："如果不制定自己的人生计划，自己就很可能会陷入别人的计划之中。猜猜别人的计划中为我们留有多少余地？大概率不太多。"

如果一觉醒来没有固定的日程安排，就会任由随机的可能性、惯性或他人的意志来决定自己将要面对什么。那大概率我们会度过混乱的一天，我们可能无所事事、昏昏欲睡，也可能成为一个工具人，到头来也不知道自己在忙些什么。而且遗憾的是，那些我们想要实现的远大梦想和宏大目标更是与我们无关。

我们可能听人说过，应当养成特定的早起习惯。但确切的日程时间安排本身并不重要，重要的是自律者都在有意识地控制时间，并按照自己的意愿来安排。有的人可能认为早上5点起床对自己来说是自律，但不是每个人都要做到这一点。

5.知晓承担责任的力量

在这个世界上，把自己的缺点归咎于某人或某事，实在是司空见惯。要么是政策的繁文缛节，要么是父母的错，要么是天气不好，要么是讨厌的星期一——除了我们，每一方都有责任。我们把责任推给别人，把自己解脱出来。但推卸责任的同时，我们也失去了改变的力量。

自律者以更高的标准要求自己，不让自欺欺人的借口和推卸责任的指责夺走力量。他们不认为自律是一种可怕的受虐，也不认为自律是一种来自内心的惩罚。相反，他们清楚地看到了自律的本质：一种天赋，一种按自己的方式生活的自由。为什么要把选择权交给别人呢?

有时候，责怪负责人比成为负责人要容易得多，对吧?但高度自律者知道，没有人会解决我们人生的问题，我们必须诚实地面对残酷的真相，我们需要对自己的生活负责。

6.筛选出优先事项

想想我们身边那些令人敬佩的自律者。我们可能会注意到，他们无论在某些方面取得了怎样的成功，也总有一些事情做得不够好，因为对他们来说，那些事情不是优先事项。我们都是凡人，都没有无限的精力、注意力、智力、金钱、时间以及权力。

我们必须筛选出最重要的事情，把其他事情放在第二位，从而对资源做好预算规划。我们可以做任何想做的事，但我们不可能做成想做的一切。自律者知道自己要把精力投入到什么事情上。

7.目标明确

严于律己是好事，但目的是什么呢？

高度自律者努力工作和健康生活，并不是为了自律本身。在目光所及的未来，他们有清晰可见的愿景，并且正在朝着这一目标努力。正是这种愿景给了他们能量、决心、毅力和热情。

如果我们已经确立了目标，扪心自问，我们的目标有多明确呢？我们有多专注于这一目标呢？我们的价值观和原则是否能够明确指引我们走向理想的清晰终点？如果答案是否定的，我们就很难获得自律的意愿。

总而言之，一边大吃特吃垃圾食品，一边把过错归咎到别人身上，无法对自己的任何一个目标或愿景负责，再如何高喊“我要自律”也都是没用的。自律者明白，没有什么事情是偶然发生的，事情有进展是因为我们推着它往前走。

采取行动

在日记中记下每天的日程安排，花点时间看看自己一天花在睡觉、工作、兴趣爱好等方面的时间各有多少，算出各项在一天时间中的占比，并观察一下其中有什么规律。

管理精力，而不是时间

时间和精力的区别是什么？

不用深入研究物理学或哲学，我们就可以得出结论：对于普通人来说，时间是一种有限的资源，而精力是可以刷新和更新的。

无论我们是谁，我们一天都公平地拥有24个小时，这就是时间。但是人的精力是可以延展、再生和培养的。时间以固定不变的速度流逝，一去不复返，而精力可以从体能、情绪、思维和意志中获得再生。

在自律方面，为自己的精力储备做预算，或许是数一数二的强大技能。

举个例子。杰夫晚上睡觉前躺在床上刷手机，心不在焉地浏览垃圾信息，看得眼睛又酸又累。他觉得这不是坏习惯，因为只花了10分钟左右的时间。10分钟算不了什么，对吧？但杰夫只关注花费的时间，忽略了这种行为的能量成本。虽然只是10分钟，但这个习惯损害了视力，破坏了临睡前平和的情绪，让他难以入睡，结果早上昏昏沉沉，头疼不已。

杰夫本可以在睡前花5分钟做点其他事情，比如拉伸放松一下身体，这样就可以完全避免这些问题了。但除非他能将注意力从管理时间转移到管理精力上，否则无法做到这一点。

让我们再整理一下人类获得精力的四个主要来源：

1.来自体能，即精力的基本来源

如果身体健康状况达到应有的水平，那么身体就可以变成可再生精力的源泉。事实上，体能可以视为其他类型能量的基石——如果身体太虚弱，无法产生所需的能量，那就难以获得强烈的情感和敏锐的认知。

然而，我们之中有多少人恰恰是反其道而行的呢？赶时间去上班，所以不吃早餐；觉得累，就不想锻炼；白天无所事事，夜晚报复性熬夜……忽视身体的生理需求是一种慢性自杀，要是认为不论怎么糟蹋身体，身体都能如我们所愿地任我们支配，那就大错特错了！

采取行动

现在，尝试找出3种消耗而非生成精力的不良习惯和行为。问问自己，做什么能促进精力恢复。

2.来自情绪，即精力的质量

如果说身体每天产生的能量都有所不同，那为身体能量增添色彩和维度的正是情绪，也就是说，体能提供量，情绪影响质。

生活对我们而言是什么样的？积极的？消极的？焦虑又恐惧的？平静而满足的？当饱满的体能遇到了悲观的消极情绪时，会发生什么？我们早晨起床感觉精力充沛，但却与伴侣或孩子发生了一些争执。心情不悦的我们冲出了家门，然后在压抑的长时间通勤途中，浏览手机上悲惨致郁的新闻。这样一来，或许我们正确地管理了时间（没有迟到），但却没有管理好情绪，所以我们逐渐失去了健康生活方式带来的所有精力、热情和能量。

但幸运的是，我们可以有意识地塑造精神状态，并努力对体验和感受的质量施加影响。为增强自我意识、挑战旧观念、战胜压力，我们接下来将学习各种各样的技巧。但现在，只要认识到自己可以尝试引导自己对事物的情绪反应，就可以了。

采取行动

今天一天，尽可能频繁地通过简单的呼吸控制来觉察自己的情绪状态（暂停呼吸，慢慢吸气，慢慢呼气，观察身体和思维状态）。首要任务是感受情绪的质量，其次是尝试能否刻意调整成积极的心态。深呼吸，放松下巴，消除紧张情绪。

3.来自思维，即精力的焦点

我们中有多少人把思考当作一种自我折磨？有多少人真正意识到思维也是一种能量？思想聚焦的地方就是我们想要实现的目标所在。

有了充沛的体能和平静而积极的情绪基础，我们就能把大脑从恐惧、愤怒和心烦意乱中解放出来，让大脑充分发挥它的作用。想象一下，大脑就像一匹千里马，饱食且愉悦的话，就能带我们千里奔腾，去往心之所向。

举个简单的例子，我们希望自己可以健康饮食，健康生活。我们可以选择在精力充沛的时候，准备健康食品并把它们冷冻起来。之后，不管是累了（身体能量不足），还是有点沮丧（情绪能量不足），大脑感到疲惫，不愿意或无法进行理智思考的时候，我们可以把手伸进冰箱，自然而然地作出正确的决定。

采取行动

感到身强体健、情绪积极又平静时，就是集中精力，进行脑力劳动的时候。找到自己一天当中最清醒的时候，好好利用这段时间，发挥大脑的最大潜能。

4.来自意志，即精力的意义和目标

当我们有想要完成的目标，并且对自己有期待的时候，我们的每一天就会充满力量。如果没有意志能量，每天的生活就会失去方向，日渐荒芜。

意志能量可以来自高目标感、价值观和原则、根深蒂固的信念，或者一种与目标紧密相连的感觉。许多人做得无可指摘，但仍然缺乏自律，因为在内心深处没能与某种事物建立深层次的联系感。另一方面，即使健康状况不佳、情绪低落、注意力不集中，如果目标感足够强大，也能变得精力充沛起来。

采取行动

如果你觉得自己已经能在所有自律标准上打钩，但仍然欠缺激情，可能是时候问自己一些高层次的问题了：

- 你每天在为谁或什么而奋斗？你这一生为谁或什么而奋斗？
- 在这一生中，你希望自己因什么而被人记住？
- 是什么滋养着你的灵魂，给你方向和勇气？你与这一事物建立起联系了吗？如果没有，为什么没有呢？

小结：管理你的精力

总而言之，体能提供生命力，情绪赋予生命以色彩和维度，思维帮助我们把精力集中在某个目标上，而意志回答了最宏大的问题：为什么要树立这个目标？想方设法拥有各方能量并集中精力的终极目的是什么？期望获得什么结果？

有一些方法可以让我们更好地管理精力，与身体、自然或他人建立联系，刷新内在的使命感和意志力，这样我们就能在生活的各个方面培养自我控制能力：

- **利用昼夜节律。**不要对抗生物钟，而是要顺应它。把最重要的任务安排在自己最清醒的时候。要知道，无论何种形式的能量，都需要定期刷新和重置。要适时让自己的身体、情绪、思维和意志都得到休息。
- **做一个充满活力的人，让生活经历丰富多彩。**我们作为一个完整而真实的生命体，复杂的体验是人生非常重要的财富。在制定每日计划时，把体育锻炼和脑力劳动结合起来，为情感和精神的参与腾出空间。单一维度的活动参与会更快地消耗精力，使我们很容易感到疲惫。
- **做某事时，就专心去做。**如果在树林里散步，那就好好放松，调动五感去散步，不要老惦记着电子邮箱！工作的时候，就专注于眼前的工作，不要分心。

践行自己的价值观

我们的生活有多契合自己的价值观？换句话说，救赎我们的不是价值观，而是价值观的作用，即以价值观指引并塑造自己的行为、赋予生活意义。众所周知，高度自律者通常都谙熟自己的价值观，并积极地按照价值观生活。

清楚地了解自己的价值观并思考如何以价值观指导生活极其重要。这是别人无法代替我们做的事情。不快乐、不专注、感觉生活没有意义或不满足，都说明我们并不十分了解并坚定自己的价值观。

> **注意**
> 如果现在问“你看重什么？”，我们能否不假思索地回答？

人们有各种各样的价值观：

- 独立自主，找到真正的自我。
- 财务状况稳定，物质条件良好。
- 心灵的平静和联系感。
- 扩充知识，发展智力。
- 享受刺激、有趣、冒险、新奇的人生。
- 权力和影响力。
- 建立美满稳定的家庭。
- 创造美丽的事物，或探索艺术和表现力领域。

价值观不是被给予的，而是源于自己内心的真实所求。价值观能告诉我们，什么对我们而言是重要的。也就是说，我们不能简单地随意选择一些目标，也不能学别人的样子生活，价值观的确认需要深思熟虑。价值观可能会随着时间的推移而改变，有些会变得更加完善，有些会被取代或需要重新斟酌，还有一些价值观的重要程度会发生变化。

问问自己：

- 在生活中，你从哪里感受到激情和能量？什么总能让你热血沸腾？
- 做什么能让你觉得精力充沛且意义非凡？当时的目的是什么？
- 你儿时的理想是什么？你最崇拜什么样的人？为什么？

回答这些问题可能需要一点时间。找到了答案后，我们的挑战就是弄清楚如何塑造自己的人生，使之能够与答案契合。如果能做到这一点，就已经达到了最大限度的自律。因为我们有了一个“伟大”的目标，能够从中获得更多的鼓舞、动力和毅力。这个时候，我们便不会轻易向扑面而来的各种压力妥协。

采取行动

再次审视先前写的时间表，并将其与自己的价值观进行比较。你的日常活动是否反映了你的价值观？如果你把家庭看得比什么都重要，那你花在家庭上的时间占比是否能够反映这种价值观呢？

也就是说，自律就是花费精力去找真正的方向，找到了就坚定地朝着那个方向走下去。把自律用在并不真正在意的事情上，无论是否做到了自律，都会以失败告终。

实现价值观的困难在于，有时需要作出大得惊人的改变。也许我们在一个对我们而言毫无意义的行业工作了多年，没能发挥真正的才干，也没能实现真正的理想，于是认为自己的生活缺乏自律和重心。其实我们并不缺乏自律，缺的是一个值得自律的目标！

改变生活，把更多精力用在真正看重的东西上，需要时间、耐心和勇气。换一份新工作、换一个新国家生活乃至于换一个人开始一段新的关系，这些事可能无法迅速落实。但你要清楚地知道自己想要什么，然后朝着正确的方向迈步。经常自我反省：如果按照自己的价值观生活，我会怎么做？得出了答案，就照答案说的做。

如果我们以前从未关注过自己的价值观，可能需要很长时间才能根据截然不同的优先事项逐渐重建生活。不过，我们可以从这样一个事实中汲取能量和动力：无论处于何种境况，我们都可以朝着正确的方向走一小步。

采取行动

下次要做决定时，先问问自己那些问题，然后思考一下，遵循内心价值观的选择是什么。如果你发现自己开始拖延并且犹豫不决，再问一次这个问题。活得真实又幸福的人会做什么？他们又会如何面对这一挑战？

价值观升级三步走

第一步：客观评估自己的生活方式，避免过分消极地评判

如果没把时间花在契合价值观的事情上，那么是时候作出改变了。追踪自己的行为，并将之与理想进行比较。

对比现实和理想可能会造成认知失调，但不要觉得自己很矫情。要远离自责、羞愧和悔恨等情绪。要有耐心，提醒自己关注重要的事情，不断给自己鼓劲。

第二步：循序渐进地养成新习惯，别指望量子跳跃式的巨大突破

我们或许可以在两秒钟内想象出新生活，但把愿景变成现实需要的时间要长得多！转变不是一夜之间的事情，而是好习惯缓慢而持续释放的魔力。

不要试图一下子把所有的事情都做完。相反，我们应该问："为了达成目标，我每天能做的最小的事情是什么？"把目标分解，脚踏实地，一步一步走过去。

第三步：乐于参与并享受改变的过程，坚持下去

成长和发展需要时间，比起急于解决问题或急于找到答案未果带来的挫败感，不如享受慢进程中带来的每一个小改变、小进步。我们一定会时不时地自我怀疑，这是再正常不过的事情。但如果有耐心又能坚持不懈，我们终会去到心之所向的地方。最大的威胁不是不会进步，而是在进步的时机到来之前就放弃了。耐心点，放松一些，变化就会到来。

采取行动

你现在可以做出什么改变来实现自己的价值观呢？

控制神经递质，不要受其操纵

当身体、情绪、思维甚至意志能量发生碰撞时，就是我们的大脑和神经递质在参与运作。这些化学信使让神经元能够相互连接和交流，对生活的各个领域都有惊人的影响。

幸运的是，这种关系是双向的，在一定程度上，只要想做，我们也可以控制神经递质平衡。我们可以识别出大脑化学物质紊乱的症状，并有意识地采取行动，以各种方式纠正失衡。我们特地提及神经化学平衡，并不是说行为、情绪、社会或精神生活不重要。更确切地说，我们只是在不同层面上分析同一个现象。大脑一直在试图保持化学稳态，其化学稳态水平等同于精神上的韧性、满足感和专注力的水平。

失衡与精神疾病、成瘾，甚至癫痫和阿尔茨海默病等疾病有关。如果血清素、多巴胺、乙酰胆碱和γ-氨基丁酸（GABA）不平衡，行为、情绪状态和认知也会不平衡。

一如既往，饮食在整体健康中起着重要作用，也维系着大脑的健康。毕竟，构成精神状态的分子和电化学信号由食物中的物质构成。并不存在什么神奇的“健脑食物”，因为大脑就像身体的其他部分一样，需要一系列营养。

要摄入大量优质脂肪和Omega-3脂肪酸，摄入足够的碳水化合物提供能量，保持稳定的血糖水平，即避免禁食和暴饮暴食。同样，要远离会破坏大脑微妙化学结构的药物，如酒精、尼古丁、精加工食品和大多数垃圾食品中糖和脂肪有害的混合物。垃圾食品被设计得让人上瘾，但却没有营养。

慢性压力也会破坏大脑内的稳态。紧张和焦虑不是自由上下浮动的抽象程度概念——它们会在身体中以压力激素的形式反映出来，通过HPA轴（下丘脑—垂体—肾上腺轴）产生真实的破坏性影响。

以下简要介绍了大脑的神经递质，以及如何维系其正常运作：

1.血清素

血清素低的迹象：

- 暴饮暴食，特别是渴望碳水化合物。
- 性欲低下。
- 自卑和消极。
- 失眠。
- 高度警觉，过分紧张。
- 消化不良。

要平衡血清素，可以尝试：

- 多吃富含蛋白质的食物。
- 将蛋白质和碳水化合物分开吃。
- 尝试B族维生素或Omega-3补充剂。
- 保持锻炼，良好的睡眠和充足的阳光照射。

2.多巴胺

多巴胺低的迹象：

- 积极性、驱动力或专注度低。
- 冷漠。
- 成瘾和强迫行为。
- 快感缺乏——对任何事情都感觉不到快乐。
- 没有激情，性欲低，精力低。

要平衡多巴胺，可以尝试：

- 多吃富含酪氨酸的食物，如咖啡和绿茶。
- 把目标分解成更小的目标，每完成一次就奖励自己。
- 做一次“数码排毒”来重置奖赏回路，比如，几天不上网，或减少看屏幕的时间。

3.乙酰胆碱

乙酰胆碱低的迹象：

- 记忆力差，词不达意。
- 缺乏专注力，注意力不集中。
- 出现脑雾。

要平衡乙酰胆碱，可以尝试：

- 多吃优质脂肪。
- 减少环境干扰。
- 保持更高质量的睡眠。

4.γ-氨基丁酸

γ-氨基丁酸含量低的迹象：

- 经常感到亢奋和紧张。
- 失眠。
- 心悸、气短、手出汗。
- 焦虑。

要平衡γ-氨基丁酸，可以尝试：

- 丰富多样的饮食，多吃水果和蔬菜。
- 远离酒精。
- 食用一些发酵食物。

有的人会让医生检测神经递质水平，然后服用针对性的补充剂来维持神经健康，但对于大多数人来说一般没有这个必要。只是想知道怎样才能维护大脑健康，也没必要读神经化学的学位。不过，了解思想、感觉和行为的神经化学基础是有必要的。怠懒并不意味着不自律，可能只是大脑中的某些神经递质耗尽了。在这种情况下，需要的不是更多意志力和逼迫自己自律，而是零食和睡眠。悲伤或愤怒可以用复杂的心理学来解释，但也可以先考虑一下是不是缺乏血清素，确实如此的话，就得多吃蔬菜、多加锻炼。

这些概念看似显而易见，但事实是，大多数人都理所当然地认为自己的身体和大脑很健康。有时我们苦于不自律，绞尽脑汁想方设法地培养自律，但实际上只需要关注大脑健康，以及调整饮食。

采取行动

是时候整顿饮食了，你可以对下周的食谱做两个小改变。例如，每天吃两种绿叶蔬菜；如果经常不吃早餐，可以把早餐安排起来。

找出消极情绪的触发因素

如果生活中从未出现任何诱惑或诱因，就压根儿不需要自律。但事实上这不太可能，所以增强自律的一个好方法是“了解敌人”，做好应对准备。

记忆、物品、情境、想法或人都有可能触发我们的消极情绪。比起削弱自律性的其他影响因素，这种情绪变化造成的影响可能更迅猛。例如，我们的心情突然变糟，停下来想想，发现是在酒吧里闻到的香水味，让我们想起了前任，想起了生命中那段痛苦回忆和关联事物。

在意识到这一点之前，尽管我们告诉自己要少喝点酒，却还是点了混合威士忌。不过是香水味而已，却引发了一系列的连锁行为，最终导致宿醉，第二天早上在沙发上醒来！很多人都会这样，引以为傲的自律在强烈的情绪触发面前一败涂地，而自己甚至没有意识到这一点。

就像前文提到的我们抗拒改变的原因一样，如果能够意识到这些阻碍我们自律的原因，就可以采取措施先发制人，控制无意识的行为，对这个过程作出刻意的改变。

如何找出消极情绪的触发因素？这里有一个简单的三步指南：

第一步：感受到自己的情绪波动时，停下来

直接发现触发点很难，可以先看看受到触发后会发生什么。通常，情绪失控是触发的明确信号。如果注意到自己突然暴怒、焦虑、悲伤等，很有可能一些事情已经触发了我们的消极情绪。

有一些情况的发生，需要我们特别注意。有时，我们对某种事情的反应似乎与事情本身不相称。例如，在车里崩溃，却只是因为交通信号灯变红了，或者在电视节目中听到一个笑话却泪流满面。

第二步：往回走一步，找到触发点

抛开评判和羞愧，试着当当侦探，找出产生这种情绪反应前发生了什么。有几点要记住：首先，关联或因果关系并不总是“合理”的，“合理”本身并不重要。其次，触发因素可以是任何东西，包括自己的想法、记忆或另一种不相干的感觉。所以要想解开谜团，得花点时间！

也许我们会发现，等红绿灯时，会想到“必须准时上班”，然后很快就会发脾气，而愤怒实际上是对更深层次的工作压力的反应，与红绿灯无关。我们也有可能会发现，自己突然对电影中的某个情节感到不安，其实与电影情节无关，而是里面的演员让我们想起了父亲。我们最近其实很担心父亲的健康，但自己没有意识到这一点。

触发因素可以是任何东西：

- 可大（重大的生活变化），可小（特殊的地点或日子）；
- 可以是外在的（有人评论我们的身高），也可以是内在的（我们讨厌自己的矮个子）；
- 可以是身体上的（感觉很热或不舒服），情感上的（感到害怕），精神上的（被艰巨的任务压垮），社交上的（去参加一个大型派对），甚至是精神上的（为去世的亲人处理后事）。

触发因素可以引发某种行为，而这种行为又可能触发另一种行为，所以要做好处理混乱的心理准备！

第三步：找到解决方案，做出改变

找到了触发点，如何处理就由我们来决定了。如果发现某种触发因素总是促使我们产生过激反应，进而陷入糟糕情绪，或者让我们做出后悔的事，那么是时候作出一些改变了。我们可能会注意到，我们晚饭后习惯伸手去拿零食甜点，但如果仔细观察，是夜晚到来之时的无聊和孤独，让我们总想吃些甜的，让自己亢奋。接受我们所感受到的无聊和孤独，然后进一步想想，有什么可以替代我们对甜食的依赖。

我们是否应该多出去走走？我们是否应该培养自己的一项爱好？探索触发因素的有趣之处在于，它会引导我们找到以前没考虑过的解决方案。我们很快就会发现，行为之下隐藏着一个完整的世界，一个一旦觉察到就能控制的世界。

自律的生活，把一切合而为一

自律不是单一的行为或思维模式，而是一系列一致的习惯、态度和生存方式的集合。这些习惯、态度和生存方式让我们能够识别阻碍自律的认知障碍和无意识的情绪反应，帮助我们超越意志力的局限性。自律者把成功和专注归功于以下几点：

- 保持晨间作息规律。
- 以写日记或冥想的方式来优化每天的第一个小时和最后一个小时。
- 练习感恩。
- 保持健康的饮食和良好的睡眠，坚持锻炼。
- 管理压力。
- 设定与价值观相一致的目标。

那么，要想变得高度自律，应该从哪一条开始呢？哪种方法是最好的呢？

希望阅读本章后，你已经明白，所有这些方法都是有益的。因为无论是在身体上、情感上、心理上、社会上还是精神上，这些方法都能强化自我意识和自我控制。因为所有层面都是相互联系的，一个层面的改善自然也会带来另一个层面的改善。

接下来看几个例子，看看自律的生活如何在各个层面上体现自我意识和自我控制。

凯莉在一家大型跨国公司工作。然而，到了36岁，她开始感到倦怠了，工作拖延、嗜烟、忽视人际关系。她认为自己的问题是缺乏自律，需要控制冲动，并更加努力地工作。

但是从哪里着手呢？她决定，在两个月内专注于提高自己的体能。她没有纠结于自律，只是为自己制定了一个能奠定良好基础的健康日常计划：

6：30，起床，舒展筋骨，在清晨的新鲜空气中快走。

7：00，来一份蔬菜煎蛋卷和黑咖啡作为早餐，吃维生素。在一天开始前花点时间祈祷、写日记，或者只是沉思，为工作做好准备。

9：00，工作，关注大脑的疲惫时刻，及时休息。

12：00，午休，吃鸡肉沙拉，读书，给朋友打电话，或者写感恩日记。

13：00，工作，避免分神。

17：00，回家。准备一顿健康的晚餐，做30分钟普拉提运动，看电视或上网（不超过1个小时），陪伴家人，准备好第二天要穿的衣服，在日记中写下第二天的目标。

22∶00，开始放松，准备睡觉。用冥想、阅读和睡前惯例仪式来消除压力。

凯莉按照这个计划坚持了两个月，每一天都吃得好，睡得香，享受体育锻炼和有益的社交活动。直到那时，她才注意到，缺乏自律并不是问题所在，而是问题的症状，而问题本身在于不良的生活方式。

她一直告诉自己："先自律起来，然后就能以健康的方式生活了。"但事实上，恰恰是健康的生活方式使她自律起来。

而马特则是另一种情况。他的生活方式已经很棒了，而且他非常注重健康，热衷于个人成长，经常参加自我提升研讨会，喜欢阅读以改善生活为主题的书籍。然而，他一直在与懒惰、拖延和动力不足作斗争。

于是，他将注意力放在自己利用精力的方式上。通过正念练习、写日记和直达内心的自省，他意识到，他的问题在于不知道自己的价值观是什么，以及对生活没有更高层次的清晰目标。因此，他无法从任何事情中获得真正的动力，对什么都是3分钟热度。他的生活里充满了他认为自己会感兴趣的事情……但实际上他并没有那么感兴趣，自然也没有动力为之奋斗。

他想要找到一个"伟大"的人生意义，找到自己真正在乎的事情，并为之全情投入。但经过6个月的努力后，他的处境比以前更糟了。为什么？因为他的生活中，没有什么能与新产生的成就感相呼应。尽管别人对他的工作赞赏有加，但他依然觉得自己碌碌无为。

需要作出的改变非常多！但好消息是，这是他人生中第一次真正有动力去作出改变。他的问题不在于缺乏自律，而在于需要努力去创造一种生活，让自律变得有意义。与凯莉不同的是，他必须作出更多根本性的改变。

这就是自律对不同的人来说不是同一回事，也没有万能解决方案的原因。自律可以是打起精神，努力工作；可以是辞职，减少工作量；可以是紧紧抓住生活中最重要的事不放；可以是有意识地杜绝分心，放弃消遣。

然而，无论看起来如何，自律者的生活有几个关键的共同点：有意识的、可控的、积极主动的。

采取行动

在迄今为止讨论的所有概念中，哪一个最吸引你？从今天开始，想办法把自己的想法切实地融入生活。记住，一小步一小步地走，保持自己的节奏，一直向前看。

自律通关指南

- 习惯反映性格，性格强化好习惯。自律者往往拥有相同的日常习惯，比如照顾好自己的身体，对自己的愿景和目标负责，远离诱惑，制定计划，确定优先次序，当然，有意识的行动也是必不可少的。
- 自律者管理精力而不是时间。精力有四种来源：体能、情绪、思维和意志。根据自己的强项，对精力做好预算以实现目标。
- 价值观是自律的源泉，重要的是生活与价值观要保持一致。客观地评估目前的生活方式，迈出一小步，创造更契合价值观的生活。
- 识别大脑化学物质紊乱的症状，采取有意识的行动，以各种方式调节血清素、多巴胺等物质的失衡，常见的治疗方法是饮食健康。
- 做好准备，以应对回忆、情境或刺激消极情绪的人等情绪触发因素。觉察到情绪的波动，并找到触发因素，我们才能做出更好的改变。密切关注无意识或不相称的情绪反应，并调查其原因。
- 自律不是单一的行为或心态，而是一系列一致的习惯、态度和生存方式的集合。

第四章

逐步养成自律的好习惯

在上一章中，我们了解了如何建立基本的自律框架：健康的生活，清晰的价值观和原则，保持警觉以识别情绪触发因素，主动为优化决策做好准备。

接下来，在本章中我们将了解如何在这个初始框架上展开构建。虽然拥有健康的生活方式和良好的自我意识已经算是成功了一半，但仅有这一半还不够。在某些时候，无论日常生活习惯有多好，我们都会面临障碍和挑战。

40%法则和心理韧性的秘密

40%法则最早由心理自助畅销书作家大卫·戈金斯（David Goggins）提出，这是一种应对自我限制信念的方法，能够帮助我们攻坚克难。**40%法则是这样的：当感到身心疲惫时，我们可能想要放弃，但事实上，我们此时只使用了真正能力的40%。**

为什么会发生这种情况？界限是大脑创造的，而不是现实的客观事实决定的。脑干的主要功能是保证安全。来自大脑的自我保护使我们远离不适和潜在危险。谨慎点总是好的，对吧？因此，身体和精神会感到疲惫，没有危险时也会感到害怕。但事实上，我们还可以多付出60%的努力！关键是，我们的精力储量比我们想象的要大得多。

大脑会讲故事编理由，想方设法说服我们不能再继续下去了。但如果能看到这一切的真相，我们就会意识到，实际上我们可以选择继续前进。也就是说，精神上的坚韧并不意味着一直不畏艰险、勇往直前，而是在身体和思想告诉我们“我不能再继续下去了”时，能够选择不接受这种声音，并给予大脑积极的暗示。

2008年，《欧洲神经科学杂志》（*European Journal of Neuroscience*）上发表了一项有趣的研究。科学家给一组参与者服用安慰剂，但告诉他们这是增强表现的咖啡因兴奋剂。另一组参与者服用了实际含有咖啡因成分的药片，但他们并没有被告知这种药片有助于增强表现。两组人都进行了举重练习，比起实际摄入咖啡因成分的人，服用安慰剂的那组人成绩更好。

这可是件大发现！这表明，大脑的意识强大到足以改变实际肌肉组织的运作方式，使其更强壮、更有韧性。对能力的信念不仅仅是一种态度，而是真的能够改变身体。

在某个快要坚持不下去的时刻，我们听到大脑低语：“停下来，我做不到。”但我们要知道这个想法是怎么来的，并气定神闲地说：“大脑，谢谢你。我知道你是为我着想，但我还能继续做下去。”

对自律者来说，努力工作并不会更加轻松有趣，他们一样觉得艰难和不适。不同的是，他们知道，犹豫、害怕、懒惰或疲倦，这些都不是停下脚步的充分理由。

拥有坚韧的意志并不像大家想象的那么难，我们可以做到！接下来，我们了解一下具体方法：

- **不要完全被大脑的下意识反应支配。**下次脑子里冒出“我做不到，必须停下来，我累了，我害怕，我不够好……”这样的念头时，就立即用更积极的选择来回应。用“我可以做到”或者“我比想象的更强大”来反驳。我们不必时刻审视大脑的下意识反应，只要勇于挑战这种自我打击的想法就可以了。

- **与不适做朋友。**如果坚守在舒适区，只做尽可能简单的事情，任何人都不可能获得成长。不要等待挑战来推动我们前进，要主动接触害怕的事物。并相信，走出舒适区只会让我们害怕一会儿，但我们终会慢慢适应并掌控一切——就像一开始进入游泳池的时候会感到很冷，但慢慢地，我们将适应水温，畅快游泳。
- **牢记目标。**大脑说服我们放弃时，我们的价值观、原则以及对生活的更高愿景会给我们继续前进的勇气。6块腹肌或许不能成为每个人努力锻炼的动力，但为了看看未来会发生什么，为了和爱的人在一起，为了实现自己的目标，我们会选择别的方式来关注自己的健康。找到你愿意倾情投入的目标并且牢牢抓住，继续前进。
- **要知道行动创造动力，而非动力创造行动。**许多人认为，必须等到激情四射、干劲十足的时候，才能行动。你猜怎么着？他们从来没行动过。相反，当我们行动时，即使觉得自己压根儿没准备好，实际上也是在积累向前的惯性，并持续输出动力。即使计划不完美，即使没有受到鼓舞，也要行动起来。
- **我们可以放弃，但在放弃之前，和自己做一个小小的交易。**这里有一个助我们前进的技巧。快要认输的时候，对自己说："我完全可以放弃，但再多做一点点，然后就可以放弃了。"了不起的事情发生了——再多努力一点，我们会发现，能量其实并没有穷尽。如果能多坚持5分钟，那就去做。或许5分钟后，我们还想再多做5分钟。

无论是勇气、野心、毅力、自律还是心理韧性，归根结底这些都是我们在疲惫、害怕或缺乏动力时推着我们继续前进的能力。拥有心理韧性并没有我们想象中那么复杂，只需要识别大脑下意识给出的消极信号，然后大声说“不”，并勇敢地向前一步。

采取行动

审视生活中你为自己设定的各种限制，例如“我做不到减重5公斤，我做不到健康生活”。这种想法究竟从何而来？你曾经发起过挑战吗？

用10倍法则要求自己继续前进

10倍法则可以帮助我们养成自律生活所需的习惯。它分为两部分，简单地说：（1）将你最初的目标乘以10；（2）为实现这一目标所付出的努力也乘以10。

对于发挥潜力而言，我们最大的缺点可能不是缺乏技能或资源，而是低估了自己的实力，为自己设置了太小的目标。即便如此，我们为实现这个目标所做的努力，也可能比我们真正能做到的少得多。

10倍法则是企业家格兰特·卡登（Grant Cardone）提出的，也是他同名畅销书的主题。对于卡登来说，成功是人生的重要组成部分（事实上，他认为这是每个人的使命和职责），只要有正确的思维模式，我们都会收获属于自己的成功。这并不是说要成为一个渴望成功的疯子，而是要意识到不必为自己设限。

“成功”可以指物质层面的富有，也可以指精神层面的富足，甚至是接受了良好的教育、拥有稳定和谐的家庭。卡登说，无论想要什么，只要付出10倍的努力，就能取得比想象中更多的成就。由此可以再次看到，对现状的恐惧和偏好让人只顾小打小闹，朝着平庸的目标努力，但平庸的目标并不能真正激发热情。最重要的是，我们甚至没有彻底投入到这些目标中，所以消磨了自己的潜能，丧失了很多可能性。

就这一人人都应培养的思维模式而言，卡登的一些准则触及了核心：

- 成功不是一种选择，而是一种责任。
- 不应该为失败辩解，也不应该把目标降低，而是应该加大行动的强度。
- 我们不是受害者，而是自己人生的主宰者。
- 定位正常的努力水平，然后为实现目标付出10倍的努力。

10倍法则听起来似乎把自己逼得太紧了。但是，我们中有多少人无意识地限制了自己可能获得的成功或幸福？我们中有多少人行事谨慎求稳，只付出最少的努力，并默默地希望这就足够了？我们中有多少人选择降低目标或降低自我期望？人们总是倾向于低估自己、局限于小节、畏首畏尾，而10倍法则正是这些负面偏误的一剂强效解药。这里有3件事要记住：

- **设立宏大的目标。**目标要能让你充满激情和活力，让你每天一醒来就迫不及待地要从床上跳起来去行动。同时，目标得是明确的。你要能够清晰地想象出你想要的东西，要能够清晰地想象到实现后的快乐滋味。
- **做好准备。**认定一点，即实现目标需要付出的努力，是预估或打听到的数量的10倍。实现目标需要非常非常努力地工作，这一点要看作是既定事实。

- **不要竞争，不要比较。**你的目标从来都不是比别人做得更好。别人做到了什么程度与你无关，你的目标是要尽己所能发挥自己的最佳水平。别忙着赶潮流或者跟风其他成功人士，用他人的情况衡量自己的努力，会限制自己的内在潜能。

没有人会来拯救我们，也没有人会助我们成功，这是我们自己的事。如果以这种负责任的态度对待所做的每一件事，那自然会乐观起来。我们发自内心地相信，自己会想出办法，这种信心给了我们韧性，让我们知道自己不会被什么难倒。悲观远比乐观更简单，只需要找到某一项必要条件不满足即可，但是乐观和相信需要更多的信息、逻辑和判断。

所以，不必等待别人的允许，也不必等待神奇的完美条件。只要投入其中，边做边处理细节问题。太多的人认为，拥有远大梦想是一种狂妄或傲慢。他们心想："我有什么资格奢望这些？"但话说回来，我们为什么没资格呢？为什么不能有远大梦想呢？

采取行动

扪心自问，你是否陷入了舒适区中，不愿意突破和挑战？写下一个你一直想要完成的宏大目标，然后开始行动吧！

然而，我要提醒一句：投入到并非真正对自己有意义的目标中，是非常非常糟糕的做法。把10倍的努力投入到与自己的价值观不契合的宏大目标上，只会感受到10倍的精疲力竭。

要小心，不要陷入盲目崇拜努力的陷阱之中，不要为了努力本身而努力。成功人士大多都隐藏着一个秘密：他们的动力源于内心深处的困惑。对他们而言，努力工作，保持忙碌，实际上只是自我麻痹以逃避对他们而言真正重要之事。停下来休息一下，改变方向，或者承认自己错了，这些或许才是真正的挑战。

走出这个陷阱的方法，就是坚守自己的价值观。相信没有人愿意让自己成为工作机器，努力本身并无价值，只是获取价值的手段。卖弄努力，或者对自己极端苛刻，都不是我们的目标。如果我们发现快把自己逼成特种兵了，扪心自问，是不是在逃避真正重要且困难的目标？

用10分钟法则来完成任务

用10分钟法则来完成工作，不但能提高效率，还能克服拖延症。操作起来很简单：在你的待办事项清单上，任何一项任务都不应超过10分钟（或者你可以按照自己的工作任务来安排这一时间的长短，但最好不要超过半个小时）。如果一项任务需要很长时间来完成，那就分解成多个10分钟以内的任务，或将任务委托给他人，或者把它删掉。

这种做法能够帮助你在工作时间内更加专注高效，使你的行动更加迅速。你打败了拖延症，也享受到自律带来的成就感——花10分钟时间专注做事，每个人都能做到，对吗？这个法则可以套用在任何事情上，听起来似乎太琐碎了，但真的可以！来看看这一法则之下有哪些选项：

划分事情的边界

要想在一天的8小时工作时间内专注力更集中，并集中精力完成重要的事情，那划分事情的边界是重要的。这意味着，我们不会把什么事都揽到自己身上，而是只做对当日首要目标而言至关重要的工作。如果某件事没那么重要，要么彻底放弃，要么让别人来做。

除了可以“下放”任务，别忘了我们也可以“向上委托”任务，比如交给上级、主管或比我们更了解情况的人。换句话说，就是寻求帮助！

明确要做的事情

当然，没人能在10分钟内写完一篇文章，或盖好一栋房子，但是这个技巧仍然可以用于大型任务。一方面，它能帮助我们克服拖延症；另一方面，它能让我们厘清执行过程的各个阶段和步骤。

如果不清楚自己在做什么，就会在无意中浪费大量的时间。一个小时过去了，一上午过去了，回过头来，我们发现自己什么都没有做，徒增了后悔与失落。

这个技巧对拖延症很有效，因为它消除了导致拖延症的以下主要诱因：

1. **任务太重，让人喘不过气来。**如果只做10分钟，就不会把注意力放在艰巨的任务上，而是放在这10分钟上。
2. **计划不周，实际上不知道面前有哪些小步骤，也看不清当前任务的总体轮廓。**认知不清会导致动力匮乏，并感到迷茫和烦躁。把任务分解成逻辑分明的10分钟任务模块，可以帮助我们消除这一障碍，进行战略性思考。

从低处的果子开始摘

没错，我们应该有宏大得吓人的目标，但要是很难开始做一件事，我们可以先从最简单的任务开始。当然，我们不会想卷入无休止的研究、思考或计划中，而是想从迅速取得成果的事情开始，这会给我们继续前进的信心。其实只要把事情分解成小任务，就能把复杂工作变成一个个能快速出成果的简单任务。从本质上来说，这是有益的，因为这让我们觉得项目可控。

超时了怎么办

用手机计时10分钟，时间一到就停下手头在做的事情。我们可能会想，“如果真的没能在10分钟内完成任务，怎么办？”可以采取以下措施：

1. 注意哪些任务会超时，并留心这种任务是否频繁出现。
2. 思考下次是否应该更好地规划这项任务，或者是否应该再进一步分解。
3. 再次审视这项任务，思考是否真的需要继续做这项任务。
4. 考虑一下，这项任务的剩余部分是否可以委托出去，或以后再做。

如果总是不能在10分钟内完成某项任务的关键部分，那一定是出问题了。要么是计划不周，要么是在不必要的事情上浪费了时间。专注力是一种宝贵的资源，我们需要高效地利用它。

关注每一次的输出而非最后的结果

如果心心念念着要学完一个万字章节，我们就会把注意力集中在“万”字上，并且觉得任务艰巨得令人窒息！这个“万”简直像是要举起的重量一样。专注于结果往往意味着，要把目光投向遥远的地平线上极其遥远的目标。但如果我们把注意力集中在分段的输出上，就把目光拉回到了我们唯一能控制的事情上——此时此刻的注意力。

只读一段文字就好，然后试着理解这段话，做笔记，深呼吸，再接着读下一段。

就这个法则而言，还有一种思维方式甚至更简单：只要开始做就行。很多时候，直面我们一直逃避的问题的第一步，仅仅是打起精神去做。

一旦开始了，就能看到下一步是什么，再下一步……不知不觉，半小时过去了，我们已经走了很远的路。同样地，完成了40%的时候，大脑会欺骗我们，让我们认为做到这里就可以了；大脑也会说服我们“前路艰险无聊，我们会茫然无策，不如就停在这里吧”。要是二话不说，直接动手做，就能使这些借口失效，不必再绞尽脑汁说服自己了！

采取行动

选择一项拖延了许久的任务，找出第一个10分钟模块任务，把它完成，让整个任务运转起来。不要想太多，设置好计时器，就开始做吧。

10分钟看起来不多，但话说回来，1小时只是一个接一个的10分钟。世界上最复杂的任务，也是由很多个简单的任务组成的。即使我们只能在一个项目上勉强坚持10分钟，也没关系，任务已经小了一点，下一次继续做。

这条法则还有一点需要记住：将事情分解成模块，这本身就是一种收获。每迈出一小步，我们就会感觉有点自豪。这种积极的感觉会传递给大脑，大脑收到信号后，会释放多巴胺——这种神经递质会告诉我们："这很不错，继续做吧。"我们感觉自己充满了力量，对自己的能力产生了小小的信心，信心接着作用于我们的行动，最后我们搞定了！

控制呼吸，控制生活

焦虑是一种心理现象，但根源在于身体对压力的生理反应。生理反应在很大程度上是自动产生的，但我们能对它施加影响。控制呼吸，就可以控制对压力的生理反应。换句话说，对呼吸的控制就是对唤醒的控制。如果我们能控制生理唤醒，就能在生活的方方面面都变得自律。

想象一下，我们面临着一场不成则败的面试，脑中的"战逃机制"正在激烈交锋，肾上腺素飙升，导致心跳加速，肌肉紧张，呼吸急促，大汗淋漓，胃里翻江倒海。神经递质和应激激素之间复杂的相互作用产生了焦虑感，进而造成恐惧。

但这种影响并不是单向的，也就是说，身体影响着情绪和思想，而主动改变情绪和思想也可以影响身体。自动运转的"战逃机制"不是我们能控制的。在压力荷尔蒙的释放和脑垂体的工作上，我们没有发言权。但我们可以控制呼吸，使系统的一部分平静下来，继而影响系统的其余部分。

所谓的“盒式呼吸法”就是一种呼吸控制法：

1. 用鼻子缓慢吸气，数5下，感到肚子充满了气体。
2. 屏住呼吸，数5下。
3. 用嘴缓慢呼气，数5下。
4. 把肺里的空气都呼出后，别急着吸气，保持住这个状态，数5下。
5. 再次缓慢吸气。

当发现压力反应失控时，我们就可以尝试盒式呼吸法。例如，等待面试时，花一两分钟来放慢呼吸，这可以让我们说话更平稳，更冷静，更有控制力。控制自己是真正自律的一个重要部分，尤其是在感到自己快要失控的时候！

人类的恐惧反应很了不起。它经历了数千年的进化，帮助我们在危险面前保持警惕。但同样，我们也进化出了高级大脑，它可以介入并告诉我们：“实际上，这里没有危险，这种应激反应已经成了阻碍。”即使处于危险之中，有意识地通过控制呼吸来控制身体，也能帮助你更有效地行事。你不会再恐慌，因而不会失去理智，得以迅速解决问题。深呼吸能够帮助你从下意识的反应中收回控制权，将其转变为有意识的行为。

- 如果遇到了交通堵塞，让我们怒火中烧，想要发脾气，停下来，做几次深呼吸。
- 如果要做的事情太多，感到不知所措、仓促匆忙又压力重重，停下来，做几次深呼吸。

- 如果我们正在进行一场谈话，情绪激动，感觉自己越发心烦意乱，停下来，做几次深呼吸。
- 如果我们感觉到诱惑在召唤我们，停下来，做几次深呼吸。

深呼吸是在向身体传递这样一个信息：“现在控制我的是理性、冷静的自我，而不是冲动、本能的自我。”给自己几分钟时间，让心率慢下来，调节呼吸，感受恐慌和不安的消退。然后，从这种心态出发，决定下一步行动。

堵车时，我们选择不发脾气；要做的事情太多时，我们平静地问自己，接下来应该做哪一项任务，然后专注于此；在激烈的谈话中，我们决定保持倾听，等平静下来再继续；面对强烈的诱惑，我们会迅速行动，选择躲开，或选择另一个选项（也可以提醒自己好好运用40%法则！）。

拥有良好的习惯和健康的生活方式，对抵制冲动大有助益，但有时我们需要一个在冲动时能快速奏效的方法。其实不必等到紧急情况发生！无论是否感到不知所措，一整天都可以尝试深呼吸练习。醒来或睡觉前，出发旅行之前，开饭前，切换任务时，都可以这么做。

我们也可以改变呼吸方式。例如，保持呼吸停顿状态超过5秒，并逐渐增加呼吸和停顿的时间，这将帮助我们逐渐变得平静。尝试控制呼吸，就是在激活高级思维，重新获得思想和行为的控制权，并有意识地使自动的生理应激反应平复下来。

采取行动

试着深呼吸几分钟，有没有感觉到自己的心率变慢了？放轻松，睁开眼睛，感受一下自己当下的状态如何。

自律通关指南

- 习惯建立自律。40%法则就是一个好习惯，它指的是，在感到疲倦并准备放弃时，实际上我们只使用了自己真正能力的40%。所以，坚持下去吧，拥抱不适，识别大脑下意识给出的消极信号，然后大声说“不”，并勇敢地向前一步。
- 要善用10倍法则，也就是说应该(1)将你最初的目标乘以10，(2)为实现这一目标所付出的努力也乘以10。大胆假设，小心求证，不要满足于平庸的目标，也不要与他人比较，努力去做。
- 10分钟法则很简单：待办事项清单上任何一项都不应该超过10分钟。如果一项任务需要10分钟以上的时间来完成，那就分解成多个10分钟以内的任务。通过以下方法来实现这一点：划分事情的边界、将任务分成小模块、从最简单的任务开始、计时、专注于过程而不是结果。
- 想要控制对压力的生理反应，缓解焦虑，有一种方法是控制呼吸。呼吸控制是一种唤醒控制。使用盒式呼吸法来让自己平静下来，并告诉自己：“现在控制我的是理性、冷静的自我，而不是冲动、本能的自我。”

第五章

识别并规避自律陷阱

帕金森定律：时间永远不够用的真相

自律是需要时间来培养的，遇到挫折是意料之中的事。不过，与此同时，我们要觉察到潜在的陷阱，并尽可能规避。

你的时间永远不够用吗?

我们知道应该多运动，我们想着每天晚饭后都应该散步，但我们没有做到，为什么?

“我只是没时间！”听起来是不是很耳熟?

当然，这是一个司空见惯的借口，但看起来真的是每天时间都用完了。我们每一天要做的事情都很多，从早忙到晚，总有事情占用我们的时间，使得我们没法去做该做的事。对此，英国历史学家西里尔·诺斯古德·帕金森（Cyril Northcote Parkinson）是这样解释的：为了填满时间而把事情扩大化了。如果一个人给自己安排了充裕的时间去完成一项任务，他会不知不觉地放慢节奏或者增加其他项目以便用掉所有时间。换言之，任务会主动地膨胀，直到占满所有可用的时间。

帕金森举了一个例子。一个老妇人要给侄女写一张明信片。客观上说，写一张明信片只需要几分钟就能完成。但事情就像“帕金森定律”所说的那样发展了，她花了1小时在商店里挑选明信片，花了20分钟思考写什么，找侄女的地址又用了30分钟，决定出门时是否带雨伞又用去20分钟，再花45分钟走到邮局，也许路上还会停下来，去买杯咖啡……

这一项任务可以分散开来，占据她一整天的时间。所以，如果有人请这位老妇人忙完明信片的事之后再帮他们一个忙，她很可能会说："我没时间！"

好吧，这是一个极端的例子，但帕金森定律指出了不少问题。例如，随着时代的发展，一个组织的工作会逐渐系统化、流水线化，工作理当会越来越少，但众多行政人员一如既往地忙碌着。维也纳医科大学复杂系统科学教授斯特凡·特纳（Stefan Turner）注意到，他所在大学的医学院就存在这一现象。从主大学分离出来后，新独立学院的教员从15人增加到100人，而科研人员的人数完全没有变化，唯一增加的是官僚主义。

大型组织中过度官僚化所导致的情况，也可能发生在个人层面上。我们不知不觉地为自己创造了"忙碌的工作"，并建立了层次结构和任务金字塔。甚至这种时间增加以及任务膨胀的复杂性会让我们误认为，这件事情看起来很重要。但仔细观察会发现，这种做法除了使任务填满可用的时间（并且有时会消耗其他可用资源，比如有限的精力）之外，几乎没有任何其他目的。

上述情况几乎可以无限期地持续下去，其根源不是缺乏自律，而是时间太多。如果帕金森定律无误，那么我们也应该能够在合理的范围内收紧任务，以适应可用的时间。

在此，我们发现了类似于谈论10倍法则或40%法则时发现的无意识心态。如果有足够的时间来完成一项任务，我们可能会无意识地放慢速度，以便适时完成。如果期望自己的表现能够达到某种程度，就会倾向于实现它——我们也可以反过来利用这一点。

- **没有截止时间的待办事项会无限膨胀，也不要想着为事情设置一个可以延后的截止日期。**事实上，延后截止日期可能会产生反作用。最终时间全都用光了，而事情还没做完。而且，我们可能会给自己安排做一大堆本来不用做的额外工作。
- **截止日期前的时间越长，就越容易分心和拖延。**讽刺的是，浪费时间是因为有很多时间。面对即将到来的截止日期，我们才会不得不把注意力集中在要事上，并采取行动。如果截止日期真的很遥远呢？人为地把它拉近。同样，将任务分解成小模块，并为每个小模块设置强制性的截止日期。以天计算，而不是以周或月计算。就像10分钟法则一样，如果只有10分钟，我们就不得不利用好时间了！
- **还有一种说法叫作“帕金森琐碎定律”，即当我们试图实现一个目标时，往往会把注意力过度集中在琐碎的事情上。**很多时候，我们忙着做那些重要且紧急的事情，还会被那些不重要且紧急的事情分走注意力。我们看起来很忙，我们的时间永远不够用。从某种意义上说，我们没有错，毕竟，我们确实在工作，比那些游手好闲的人要好得多。但这比懒惰更糟糕，这一切耗损了我们的精力和动力，并越发令我们感到疲惫和空虚。如果我们陷入了帕金森琐碎定律的陷阱中，请不要气馁。掌握正确的方法，我们就会有足够的时间来完成那些重要的事情，这听起来实在美妙。
- **明确价值观、愿景和目标，以终为始。**完成一项没有明确终点的任务是不可能的。如果不清楚自己到底在做什么，为什么要去做，以及什么时候能做完，那我们要怎么开始去做？暗示自己有空再做的事情我们很难主动去做。目标不仅需要契合价值观，也得是具体的，并且有固定的截止日期。日期、方法、原因都要弄明白，尤其是原因。

- **在团队中，了解每个人的角色和职责。**凡事不要想当然。如果团队有多个成员，我们需要确保每个人都知道自己和他人的角色和职责，否则，我们的精力就会花在调和矛盾及消除误解上，导致整个任务的工作量大大超出了每个人需要完成的工作。任何需要协调配合的时候，都需要有：
    - 驱动者——提出想法，控制时间，领导团队前进。
    - 批准者——做最后决定，避免团队陷入犹豫不决的困境之中。
    - 贡献者——贡献专长和知识，影响决策。
    - 获知者——只需简单地了解并跟上最终决定。

即使是在一个非常简单的合作项目中，搞清楚这些角色也可以避免“看起来忙碌，却无所事事”的情况发生。如果团队中的成员都知道彼此的角色是什么，就更容易担起职责来，稳步推动事情向前发展。

- **保持专注。**开始工作前，弄清楚哪些事情的完成对自己是重要的。把优先事项圈进来，把无关紧要的事情拒之门外。各种各样的事情会渗透进来，分散我们的注意力。在我们为自己设置的分段截止日期内，暂且搁置杂务，只做重要的事情。

你还在为做事情寻找动力吗

在帕金森定律案例中，整整一天时间里，老妇人只寄出了一张明信片。但如果我们是重度拖延症患者，没准儿还会钦佩她充沛的精力。我们可能一整天都不愿意出门，把写明信片的任务一拖再拖，直到邮局关门（这真是一个好的借口），然后想着明天再去做。

拖延症有时甚至比最根深蒂固的成瘾更顽固，更难戒掉。但有一点是可以确信的：我们在自我调控和自律意识上出了问题。这无需自责羞愧，但确实值得深究。

让我们从对拖延症的了解开始。首先，拖延症患者往往无数次尝试克服拖延，却难以取得成效。他们也倾向于从“懒惰”和不良习惯的角度去思考原因。然而，无论如何自责或自我训诫，似乎都没有什么用。

拖延是有原因的，人们选择拖延的原因或方式各有不同，无效的解决方案必定是在某种程度上忽略了拖延的真正原因。下面来看一些拖延的例子：

- 我们认为这项工作实际上并不重要。
- 我们觉得这项工作难度太高甚至不可能完成，令人望而生畏。
- 这项工作太容易了，所以我们懒得做。
- 这份工作虽然既有趣又重要，但是分心和消遣似乎总是更有趣也更重要。
- 我们未必是逃避工作，而是缺乏付诸积极行动的充分理由。

原因还有很多，不再赘述。上述原因以及因人而异的表现，似乎使拖延症变得更为错综复杂。我们为拖延症找的借口，以及各种形式的心理问题和行为后果，都指向同一个问题：缺乏自我调控，即缺乏让自己主动远离诱惑的能力。

自我调控能力指的是清醒的自我意识和有意识的自觉行动。拥有这种能力的人，面对生活中出现的各种诱惑和刺激时，会更从容。就香烟或酒精而言，诱惑显而易见，就是陶醉的快感。那拖延的诱惑是什么？

拖延时，我们会对分散和转移注意力的外部诱因过于敏感。我们想让自己沉迷于能够带来短暂愉悦的环境刺激，我们推迟了不那么快乐的工作，让注意力追逐稍纵即逝的快乐。需要指出，这种稍纵即逝的快乐未必比手头的工作更有趣，如智能手机里跳出的通知以及社交媒体的任何动静……这种短暂的愉悦感有时并不是事情本身带来的，而是来自注意力的转移和大脑暂时的放松。

对于“资深”的拖延症患者来说，几乎任何事情都比该做的工作更“有趣”，包括什么都不做。他们会花一上午的时间在公寓里走来走去，在厨房里慢条斯理地忙活，想着要不要出去散步……比起坐下来完成当天的工作，任何事情都更“愉快”。拖延症患者可能会悲叹：“为什么我会这样？为什么我就是不能专心工作呢！”**答案很简单，很多时候，我们不去做，只是因为我们不想做。**

拖延症不是行动的失败

它本身就是一种行动——我们为当下选择了更愉悦一点的活动。任务很困难，需要努力，而我们更乐意轻轻松松不费力，这合情合理。因此我们选择了满足当下的欲望。我们在一次又一次的挣扎中已经耗尽意志力，等到真正需要意志力的时候，却发现它已经疲惫不堪了。

警惕动力陷阱

在一些战胜拖延症的书籍中提到，拖延是因为缺乏动力，所以要找到行动的动力。事实上，这样的建议对治愈拖延症而言无济于事，甚至可能会让情况更糟。每个人对于动力的定义都是不同的，以终为始的价值观是动力，10分钟法则也是动力，完成事情得到的奖励与收获也是动力，不知何时突然到来的好状态也是动力。前三种动力是始终如一的，知道自己要做什么，也知道怎样去做。最后一种动力是飘忽不定的，也是拖延症患者最愿意去寻求的。

我们要警惕最后一种想法，即短暂且不持续的动力是行动的必要条件，甚至是唯一条件。除非有动力，否则我们不可能做任何事情。我们把自己放在等待的被动位置上，等待灵感、许可或某种神奇外力来推动自己迈出第一步。

你可能会使用各种各样的技巧，哄自己去完成该做的事情。当然，这些技巧的使用确实会让你看到成效，但对于拖延症来说，它们永远只是权宜之计。一旦权宜之计失效，你又回到了原点，再次被恐惧、懒惰或犹豫包围。

在某种程度上，这些技巧本身就是一种形式的拖延，因为它们推迟了无法逃避的时刻：勇敢地面对自己对即时满足的渴望，并选择不去满足。除非能够自我主导并自律行事，否则我们总是会受制于即时的欲望，被下一个能轻松获得回报的捷径技巧所摆布。

行动创造灵感，而不是反过来

我们只要开始，只要给予自己一点初速度，动力就会像惯性一样逐渐增强，推动我们向前。

拖延症是缺乏自我调控和自律的问题。要想摆脱这个困境，应当停止幻想，不再追求快速简单的出路，因为根本不存在。我们单纯就是需要把任务做了（哪怕只是开始做！），即使处于不想做的状态。因为我们拥有这样的力量：我们选择了做这件事，不是为了片刻愉悦，而是因为自我意识告诉我们，它们是最佳选择。从这个角度来看，无论诱惑有多令人愉快，都无关紧要——你已经决定了你想做什么，决定了就要执行。

自我调节是一种力量，让我们即使害怕也能勇敢行动。它让人能够自主地作出正确选择，哪怕正确的选择往往并不舒服，并不简单，也并不令人愉快。

在面对自己应该去做的任务时，如果心有抗拒，就停下来，思考一下发生了什么。我们不想做吗？没关系，也许理由很充分。但事实证明，行动欲并不是必须的，没有行动欲也可以行动起来。先行动起来，先完成再完美。

完美主义还在限制你的行动吗

70%法则可以帮助我们转变思维方式，甚至在我们感到不确定、害怕或不情愿时，也能推动我们采取行动。

这条法则很简单：当你掌握70%的信息时，就应该立刻做出决定了。如果等到90%，大多数情况下，可能就决定得太晚了。另外，无论如何，都需要善于快速识别和纠正错误的决定。如果善于纠正方向，犯错的代价可能比我们想象中更小，而行动迟钝的代价肯定会很高。据说，这条法则是由亚马逊的创始人杰夫·贝索斯（Jeff Bezos）

提出的。他的一个个决策使亚马逊从一家在线书店成长为一个富有的商业帝国。

拖延症是一种犹豫和逃避的整体态度，有时候反映了生活上更大的问题。拖延症会让人在做重大决定时过于谨慎或害怕，其中包括那些对转型和发展至关重要的决定。例如，我们想向代理商推销一本书，我们做了很多准备，但对效果没有百分百的把握。因此我们想要再等一等，直到确信自己准备充分了，才采取行动。但在大多数情况下，这可能会花费太多的时间。

70%法则扭转了这种局面。遇到这种情况时，只要问自己："我对这件事的了解达到70%了吗？"各方面情况包括：

- "我有70%的意愿吗？"
- "我很害怕，但我有70%的勇气吗？"
- "我有70%的能力去做这件事吗？"

如果答案是肯定的，那就去做。

换句话说，我们降低了行动的门槛，不需要100%的把握，70%就足够了！许多拖延症患者都是隐藏的完美主义者，除非有完美的灵感，有完美的布局，有必胜的清晰计划，有畅通的前进路径，有掌声在终点等待自己，否则就不愿意采取行动。但这种完美主义只不过是借口，主要归结为：**（1）对自身能力缺乏信心；（2）对未发生事情的恐惧。**

如果认为任务又困难又残忍，对自己迎接挑战的能力缺乏信心，那就可能会不自觉地通过拖延来驱除焦虑。这对自律而言极其不利。你可能会问，如何确定自己有70%的把握？以下几种方法你可以尝试使用：

- **70%的时间。**如果你有10天的时间做决定，那么到了第7天，顺着你当前的想法继续进行吧。不要想太多了，不要再考虑其他选择了。这一招对文书工作、旅行计划和创造性工作最有效。
- **70%的必做事项。**列出一份可以帮助你做出决定的事项清单，使用清单来量化信息。当你在列表中划掉70%的时候，就该做出决定了。这一招在购物、求职和合作方面最管用。
- **别忘了向外界寻求帮助。**当陷入思考的陷阱，犹豫不决时，可以问问进度稍微比你靠前的人。“你认为我需要了解多少信息才能做出这个决定？”这一招几乎适用于任何决定，但是难就难在不太容易找到一个可靠的人来帮助你。

百分百确信是很少有人能做到的事，很多情况下，没有所谓的最终的、最完美的决定。行动推动了最终决定的产生，而不是反过来。行动后我们会接触到更多信息，收到反馈，进而决定下一步该怎么走。我们会走在通往目标的道路上，而不是害怕地站在起跑线上，无法前进。正如前一章中所说，灵感不会促成行动，行动才会带来灵感。

有些人喜欢确保自己不受任何伤害，只在绝对确定结果对自己有利时，才会采取行动。除非对自己所说的话有百分百的信心，否则不会畅所欲言；除非觉得自己已经达到专业水平，否则不会尝试做某件事。这种心态在学校里可能有用，但在现实生活中却行不通。因为我们常常需要在实践中学习。如果对什么不太确定，有时唯一的方法就是行动，看看会发生什么。

放弃非黑即白的想法。我们永远都可以先着手去做，然后在前进的过程中调整。很少有什么是做了就没法改的。新工作、新恋情或新课程，都是重大的决定，但没有什么是不能事后补救或调整的。思考一下下述案例：

因为担心风险，甲对于是否要在业务中尝试新的X策略犹豫不决。他畏缩不前，没采取行动，想多研究和考虑一番。这个犹豫阶段持续了一年。

乙有类似的业务，面临着同样的问题。他也不敢确定X策略能奏效，但他有70%的把握。考虑了两周，他就开始尝试。结果X策略导致业务崩溃，要过3个月才能恢复稳定。但乙知道出错的地方和原因了。他又试了一次，这次是升级版的X策略。一年内，乙的业务取得了令人瞩目的增长。

甲呢？考虑了一年，终于决定冒险，开始尝试乙已经知道行不通的X策略……

两三年的时间里，谁的业务会发展得更好？谁对业务有更丰富和深刻的理解，甲还是乙？

正如所见，害怕不确定性，实际上回避了试错经验，使自己无法获得更多。行动是有成本的，但拖延也有成本。我们想避免成本，实际上却创造了成本。时间成本是无法弥补的。

我们往往把失败、犯错或走弯路看得过于严重，却没有看到，犯错误实际上也带来了一些有价值的东西，比如，学会了如何在将来避免犯同样的错误，获得经验和信心，领悟到失败乃兵家常事。尝试了，失败了，还能继续走下去，不会迎来世界末日。如果从未采取行动，就不会学到这些教训。要意识到，行动的确具有风险，但它也是检验假设、尝试新事物和学习新东西的机会。

与其说“我担心会出什么问题”，不如说“我想知道为什么会出错，又能从中学到什么”。直截了当地面对结果。就算真出了问题，那又怎样？第一种态度被动而恐惧，会让你陷入恐惧和怀疑的牢笼。第二种态度是好奇的、有意识的、自我指导的，行动越多，积累越多，力量越强。

生活中，很多事情不是非做不可，也没人劝你去做，比如提高技能，找一份更好的工作，割舍一段糟糕的关系，作出重大的生活改变。可悲的是，正因为没有必要性，所以容易明日复明日，使对“还没百分百准备好”的恐惧成为陷阱，而只有一种方法可以躲开这种陷阱：勇敢地采取强有力的刻意行动。

无论结果如何，我们都可以自由地采取行动，这一点价值非凡。掌控自主权，为自己作出选择，觉察到自己对失败的恐惧，从而有意识地摆脱恐惧的控制，坚决地采取行动。即使结果不尽如人意，我们终究行使了自由意志，这种感觉很好。

采取行动

找出一件由于自己“还没百分百准备好”所以一直没有去做的事情，尝试将它向前推进一步，再推进一步。

你还沉浸在下决心带来的即时满足感中吗

想象一下这个场景。詹姆斯曾设立过几个宏大的减肥目标，但都未能实现。这一次，詹姆斯怀揣着强烈的期冀，设定了多个小目标。但由于小目标过于不切实际，最后他还是失败了。

听起来是不是很熟悉？

改变很美好。燃起激情，并动力十足地去改变自己，是一种强大的力量。这种力量实际上伴随着人的一生，促进身体、情感和社交能力的发展。

心理学家查尔斯·理查德·斯奈德（Charles Richard Snyder）提出了“希望理论”，他发现，满怀希望的人往往更有能力为目标设定航线，在遇阻时也更容易找到替代方案，最终更容易落实目标。满怀希望的乐观主义精神让人更有动力、更加坚韧、更加专注。到目前为止，都没什么问题。

但希望并不总是奏效，有时会适得其反，削弱实现目标的能力。

虚假希望综合征描述了这样一个过程：希望催生了不切实际的目标，然后，人们未能达到这个错误的目标，且误解了失败的原因——不是将失败归结于不切实际的目标，而是责怪自己并选择放弃，或者再设置另一个不切实际的目标，重复循环下去。

我们决定要减肥，设定的目标是半个月内减掉10公斤。但到达减重6公斤的减肥瓶颈期的时候，短时间内体重很难再往下掉了。在这个过程中，我们已经取得了减重6公斤的进步。这是一件值得庆祝的事情，但如果把这一成就与过高的目标相比，就会失望。

我们得出结论——节食没用，或者不够自律，或者自己注定要失败（因为发自内心地觉得自己不够好，习惯性地责备自己），或者三者兼而有之！这些结论都不是真的，都不是失败的真正原因。失败是因为抱有错误的希望，设定了不切实际的目标。研究发现，在开始节食时，节食新人往往比老手更兴奋，但最终放弃的概率也更大。

这揭示了一些有趣的事情：对进步的感知很重要，对事情进展的预期也很重要。从长远来看，过度乐观和过于自信并不好，这可能象征着情感层面上的好高骛远。失败或因失败而失望，两者皆无伤大雅，有害的是对失败真相的误解。也就是说，如果能意识到这一点，并加以纠正，起初抱有虚假的希望就不是问题，毕竟我们无法拥有百分百的把握。“哦，这个目标可能有点太高了。其实减掉6公斤相当不错了，应该稍微调整一下期望值。”

诀窍是，用希望帮助我们不断调整目标，而不是让过高的期望劝退自己。

怎么知道目标是否不切实际？如果错估了下列几项，就可能无法实现目标：

- 难易度。
- 进展速度。
- 任务数量。
- 回报。

怎么知道预估是否错误呢？失败了就知道了。

例如，你设定了一个减肥目标，且认为只要晚餐改吃糙米而不是白米，就能达成目标（错判了难易度）。设定一个减肥10公斤的目标（回报），这是可行的，但期望在某个时间框架内完成，例如半个月内完成（进展速度），就是不切实际的。你可以给自己设定一个合理的减肥目标，同时尝试养成健身的习惯，改变作息时间和饮食习惯（任务数量）。

决定改变时，会产生一切尽在掌控之中的愉悦感，会感觉自己很强大，会看到曙光就在眼前。这会推动我们向前走一段，但随后，最初迸发的热情消失了，面临的事实简单又乏味——我们仍然需要做剩下的艰苦工作。然后呢？

我们有两个选择：

1. 以各种方式自我调整，以便继续前进。

2. 认输，放弃，故态复萌。

朝着一个目标前进时，或许能够轻易取得一些收获，但也会面对进步放缓甚至停滞的局面。调整目标意味着要现实一点，清楚地明白，即使面对最初的那个目标时不再激情昂扬，即使最终所得少于预期，我们也并没有失败。如果能平和地接受这个过程，并且不去苛求自己，那就可以开始问一些真正有用的问题，比如：我遇到瓶颈了，要怎么做才能继续前行？我低估或高估了什么？什么不管用了？什么仍然有效？

最后一个困扰减肥者的大问题是：我们什么都做对了，最终在宽松的预计时间内减肥成功，但仍然对自己的外表不满意，缺乏自信。为什么？因为我们对回报的预估过高。我们渴望自己减肥后拥有完美身材，走在路上引人注目，而不仅是变瘦了。

陷入虚假希望的陷阱并且不断责备自己，只会让我们放弃得更快。下次被挫败狠狠打击时，如果气愤地想要放弃，留意一下这种冲动，先问自己3个重要问题：

1. 确实失败了吗？

2. 如果是，失败的真正原因是什么？

3. 现在能做些什么来解决这个问题呢？

第一个问题提醒我们，有时我们自以为失败了，实际上根本没有失败，我们还在前进，只不过更加务实了。第二个问题提醒我们，毫不犹豫地做最坏的打算、把失败归咎于自己、自我厌弃，都是不可取的。第三个问题让我们重新振作起来，思考替代方法。

我们没有失败，但现在的策略可能行不通。从失败中取得了经验和数据，应该感到高兴。接受失败，把失败当作再来一次的邀请，相信下次一定会做得更好。

将工作扩大化以填满可用时间，拖延，因恐惧和不确定性而暂缓重大决定，满怀虚假希望而陷入恶性循环，这些便是本章讨论的现象。所有这些现象的共同点在于，都是逃避自律的一种形式。

自律的最大障碍在于，允许自己回避艰苦工作的挑战，回避有意识的选择，回避困难但更有价值的事情。希望是好东西，但如果希望是虚假的，也不过是一种逃避的形式，我们借助这种虚假的希望，逃避创造真正向往的生活。

注意

找到自己在前面章节中写下的目标，再看一遍。这些目标切合实际吗？回想一下你曾经历的失败，扪心自问，失败的真正原因到底是什么？是能力不足，还是方法不当？

自律通关指南

- 要尽量避开自律陷阱。例如，帕金森定律指出，工作会主动地膨胀，直到占满所有可用的时间。要设定具有挑战性但切合实际的最后期限。记住更高层次的目标、愿景和价值观，明确团队角色，并保持专注，以避免“范围蔓延”。
- 注意“帕金森琐碎定律”。该定律指出，人们在实现目标的过程中，往往会过度关注琐碎的事情。别让自己的精力被那些重要且紧急、不重要且不紧急的事情偷走。
- 针对拖延症的分析数不胜数，但实际上拖延症的问题只是自我调节能力差和容易分心。诚实地面对自己拖延的原因：因为喜欢拖延。
- 要战胜拖延症，不要等待许可、激励或动机——只要行动起来就好。行动创造激情和动力。记住，拥有开始任务的灵感，并不是完成任务的先决条件。
- 70%法则指的是，不要等100%的把握，有70%的把握就采取行动。有时候，要想获得确定性，唯一的方法就是行动，看看会发生什么。
- 虚假希望综合征是指过高的期待使得人们制定出不切实际的目标。而没能达到错误的目标时，人们又误解了失败的原因——不是将失败归结于不切实际的目标，而是责怪自己，选择放弃，或者重复这个循环。要想避免这种情况，我们可以问自己3个问题：确实失败了吗？如果是，失败的真正原因是什么？我得做些什么才能重新行动起来呢？

第六章

与不适感交朋友

人类祖先的基本生活准则是：避开痛苦，避开可怖之事，寻求快乐。

但作为有自我意识和自决权的人，我们与大脑的谈判有回旋的余地！要想成长，必须时不时经历痛苦和恐惧。

当我们处在改变边缘的时候，就会产生不适感。成长本质上就是不舒服的。没有人能不费吹灰之力就彻底改变生活，或实现令人惊艳的目标。成长很困难，否则每个人都将实现超级进化，取得辉煌成就，不是吗？

动机不是行动的必需品，也没有必要百分百确定才行动，就连安全感和舒适感也不是行动的先决条件。**在本章中，我们将探讨如何应对不适、诱惑和疲惫以达到目标。**

拥抱不适感

对于挑战极限和走出舒适区，每个人的门槛不同。有些人天生更能适应改变带来的不适感，但任何人都可以学着挑战自己的极限，对逆境、不确定性或恐惧变得更加耐受。以前没有做过的事情，肯定不容易做成，也会非常陌生。还记得大脑的现状偏好吗？还有把熟悉等同于好的认知偏误，还记得吗？

区分不适感和恐惧

不适感和恐惧截然不同，两种情绪引起的反应也大相径庭。

不适感是做陌生的事情时产生的。我们不在舒适区里，无法预测接下来会发生什么，也无法完全掌控局面。也许我们是初学者，或者在做一些有点冒险、有点奇怪或容易崩盘的事情。**恐惧**则意味着意识到自己暴露在真正的危险或有威胁的事物之中。

和心上人聊天会感到紧张不适，而和曾经胁迫自己的重刑犯会面，理所当然会感到恐惧！

然而，“可怕”之类的词，也常被用来描述并不真正具有威胁或危险的事情。搬到新的地方，准备医学院的就读申请材料，大声抗议某事，都让人感到不适。这些事情可能有难度、很麻烦甚至相当棘手。但这与警示危险和自我保护的恐惧是不同的。

自律就是勇于面对“恐惧”，不受限于“恐惧”。对“恐惧”的事物采取不同的看待方式，有的时候，我们只是有点不适应新变化而已，而这并不会带来真正的危险。

下次面对可能发生的变化、艰难的工作或具有挑战性的情况，要是想逃避，别再说“我害怕”了，试着换一种能够引发兴奋和兴趣的说法：

- “我还有点不习惯。”
- “这有点不一样。”
- “这可没那么简单。”
- “哇，这是新鲜事！”
- “我在想办法了。”
- “这对我来说是个挑战。”

用这种方式来描述问题，会让我们更有勇气去面对，对事情更有掌控感，并提醒自己，问题只是暂时的。而“我害怕”只会让我们什么都做不了。

采取行动

花10分钟，在日记里快速写下你生活中害怕的事情，写能立即想到的事情，别绞尽脑汁地想。完成后，审视每一项，问问自己，这些事情做起来，真的很可怕吗？还是只是不舒服？把危险和不适的事情分开列出两份清单。如果有足够的勇气，后一份清单可以成为我们成长的路线图。

主动出击，邀请不适感进入生活

与其被动地等待让我们不适的事情找上门来，我们不如主动出击，主动掌控生活。如果能做到这一点，下列事情就会发生：

- 证明自己可以做到某件事。
- 阻断了拖延和逃避的可怕惯性。
- 学到了一些东西。
- 获得肯定和奖励，因为这是一件值得骄傲的事情。
- 掌控全局。

我们知道有一些事情我们是逃不掉的，既然如此，可以战略性地邀请不适感进入我们的生活。这样做时，有意识地告诉自己，即使最终不喜欢这种改变，这种经历也是有价值的。这种做法的回报不是发现新事物，而是增强意志力和信心。

如果我们想要与他人建立良好的关系，却害怕被拒绝，那么，我们的自律挑战就是刻意接近那些可能会拒绝我们的人。我们无法控制他人对我们的看法，但可以控制自己的行为，可以调整自己的心态，平和地接受拒绝。勇敢地走出去，去尝试，而不是陷在思维的牢笼中。

如果社交焦虑限制了我们的生活，我们可以将自己置于新的社交环境中，从而培养强烈的自律意识。如果想做真实的自己，却担心与众不同会让我们看起来格格不入，那就先迈出一小步，慢慢地把自己展露出来。你会发现，他人并没有这么在意我们。

最后，“我害怕”使人无法体验到纠正误区和跳出偏误的喜悦。可以大胆地和与自己意见相左的人交流，不要急着反驳和认输，倾听其观点即可——这是一个特别适合自我挑战的领域。要勇于说“我以前从不知道这些”或者“我觉得这也是一个好观点”。这样一来，我们会有意想不到的收获！

扩大舒适区，在舒适区自律

每个人对风险和不适的阈值都不同，所以不要与别人比较。要找到自己的舒适区，挑战自己，慢慢扩大自己的舒适区。

今天就和自己达成协议：难堪、不确定、尴尬、不熟悉、不舒服，这些感觉并不一定是出错的迹象，并不意味着要停止行动。事实上，这些感觉也能促进自我成长。适度的不适感是个人发展的迹象，只是可能无法立即发觉自己的进步罢了。

尝试新事物时，如果想要放弃了，那就在放弃之前再试几次。

如果确实感到不适，想办法为它贴上积极的标签，告诉自己这是进步的标志，而不是停止的信号。

最后，要有幽默感，要学会笑话自己——在生活中，我们都是初学者！

练习冲动冲浪

我们每天会面对各种诱惑，并和与之带来的冲动进行抗争。赖床的冲动、抽烟的冲动、吃甜食的冲动、看手机的冲动……当我们产生冲动时，那种感觉就像海浪一样冲击着我们的内心，让我们产生强烈的渴望，并想要去满足这种渴望。如果这种渴望得不到满足，产生的冲动和不适感会越来越强烈。这种感受既是心理上的，也是生理上的。

不过这种冲动并不是永续存在的，再强烈的冲动，终究将逐步消散。我们的目标也并不是粗暴地消除或者压抑冲动，而是在冲动升起时，以正确的方法转换这种不适感。冲动冲浪给了我们一个或许未曾想过的选择——充分感受诱惑与冲动，但不屈服于它。

冲动冲浪是一种基于正念的策略，用来帮助管理和延迟对冲动的反应。心理学家艾伦·马拉特（Alan Marlatt）博士对这种现象进行了多年的研究，在成瘾康复的语境中创造了这个词。冲动就像海浪一样，一浪接一浪朝我们扑来，强度逐渐上升，达到顶峰，最终消散。冲动冲浪帮助我们观察冲动而不采取行动。记住，驾驭海浪，别被海浪掀翻。

我们在日常产生的冲动就是对某物的强烈渴望，仅此而已。这并不是一种强迫行为，也不是一种需要有负罪感和负担感的行为。我们会自然而然地强烈渴望一些有益的东西，比如食物和水；也会渴望一些有负面影响的东西，比如香烟和酒精。

如果控制和抵抗这种冲动，会带来不适的感觉。那如果我们忽略干扰、冲动和诱惑，就可以了吗？不一定。因为试图忽略某件事时，实际上可能会将更多的心理力量加诸其上，如此一来，甚至会延长通常不持久的感觉。试图忽视某种感受，则这种感受反而会变得更强。毕竟，忽视海洋中的浪潮，并不意味着浪潮消失，冲浪者还是会感觉到浪潮的冲击。

那么，如何在诱惑的浪潮中冲浪而不被击倒呢？答案是正念。练习正念冥想时，人们尝试着完全沉浸在当下，既不执着于当下，也不抗拒当下。我们是在浪尖上，随着海浪的节奏一起运动，而不是被卷到浪潮中。换句话说，我们看到并承认欲望，体验并接受这种冲动的感觉。除此之外，不做更多的回应。

练习正念冥想、帮助我们摆脱冲动包括两部分：首先呼吸，然后觉察。就这么简单。冲动非常强烈时，即在浪尖时，可以抓住感官来保持漂浮。保持呼吸，把意识放在五感上。不要给任何东西贴上好坏爱憎的标签，只要抽离出来，带着开放的态度，满怀好奇地感受这一刻，就行了。

只要这样做的时间足够长，冲动就会过去，我们会平静下来，达到平衡状态。

第一步：呼吸

要想进入冥想，最简单的方法就是从呼吸开始。深而缓地进行腹式呼吸（就像前文提到的“盒式呼吸法”一样），把注意力集中在吸气和呼气上，慢慢缓解身体的不适和紧张。当身体变得稍微舒服一点的时候，冲动的渴望自然就会变弱。

第二步：觉察

当你练习觉察你的呼吸时，开始觉察任何升起的冲动。

“觉察”意味着只是观察和关注某件事，但不评判，不解释，不叙述，不推拉。如果发现思绪逃到了过去或未来，用呼吸将它拉回来。

看看自己是否能从外到内地观察冲动。身体有什么感觉？产生了什么样的想法和情感？当我们在睡前很想吃甜食的时候，我们的胃里是否有奇怪的躁动或焦灼？耐心接受并沉浸到这种感觉之中，不要拒绝，试着探索看看。

或许大脑会突然冒出一个想法：“为什么要花时间冥想？吃点巧克力不好吗？巧克力里还有抗氧化剂呢！吃点有什么大不了的？干嘛这么扫兴……”看着这些想法像海浪一样来来去去，将其视为纯粹的想法，而非必须自动化执行的指令，感觉如何？

持续观察一段时间后，我们会发现，如果我们不对某个冲动做出反应，即使这种冲动在一段时间内不断增强，但最终也会过去。

大多数的冲动、渴望和欲望很少能持续超过30分钟。只不过在最高峰时，它们强烈得让我们以为它们是永无止境的。但它们会过去，别的事物会到来。

下面这个例子就是冥想在现实世界中发挥作用的方式。丹尼尔没对社交媒体上瘾，但社交媒体上的东西总是让他分心，他时时刻刻都受到查看手机的诱惑。他发现这个习惯会分散注意力，妨碍社交，而且使自己更容易拖延，因此他决定要改掉这个习惯。

幸运的是，他大约有4000万个机会练习驾驭查看手机的冲动！他和家人坐在一起吃晚饭，手机放在旁边。他本可以把手机放到其他地方去，但他真正想要的不是单纯避开诱惑，而是学会驾驭诱惑。他发现自己很想伸手拿起手机，就在这一刻，他停下来，刻意做了几次呼吸。这是决定成败的时刻，是自律诞生之地。

他将注意力转向自己的意识，去觉察自己身体和情绪上发生的变化——身体逐渐燥热，一种疯狂的欲望升起了：疯狂地渴望查看手机！他注意到自己焦躁不安，并对自己产生的想法愤怒和羞愧不已。他定下心来，不打算对抗自己的欲望，只是耐心地等待和观察。他惊奇地看到一连串想法和情绪涌进脑海之中。

- 万一错过了什么重要的工作消息呢？
- 万一错过了其他人发的什么精彩动态呢？
- 万一……呢？

由于“查看手机的欲望”没有被满足，冲动的浪潮越来越大，渐渐达到顶峰。突然之间，一切都结束了。几分钟后，冲动和不适感似乎不那么强烈了。他感受到自己静静地坐在那里，安然无恙，没看手机。仅仅10分钟后，又来了一波这种诱惑。但熬过了上一次，这一次，他觉得这不是什么大事了。“哦，又是这些想法。”丹尼尔想。他第一次发现，比起手机，原来自己真的对和身边人聊天更感兴趣。

我们可能会问，如果已经陷入了“意志力疲劳”，还要进行上述冥想吗？答案是否定的。意志力是一种有限的资源，是会耗尽的。如果生理性疲惫了、不堪重负了，或者同一时间内需要应付的冲动太多了，应用这种技巧显然会非常困难。

我们是缺乏自律，还是倦怠了？

缺乏自律的外在迹象，与普通的倦怠或许颇为相似。

有一点要注意：倦怠与面对改变时的不适不同。倦怠是由长期或反复的压力所带来的疲劳状态。不适是生活的一部分，也是成长的一部分。

大多数人把倦怠与高压、过劳联系在一起，但其定义远比这广泛得多。若处于长期的压力状态，无论是自身的情绪压力、身体压力、精神压力还是社会压力，都可以说是倦怠。持续疲惫会耗尽和削弱我们的精力。

例如，乔莉是一个慢性拖延症患者，她觉得做任何事情都是任务，即使是曾经热爱的事情也一样。她在一所经费和人手不足的学校做助教，学校位于城市的混乱地带。每次被问到最近怎么样，乔莉总是说："很累。"她不自律吗？她处于成长的临界空间吗？

错了，缺乏自律和这种长期的不适感下隐藏着更深层次的问题，那就是，她已经倦怠了。不少经历过倦怠的人与乔莉的情况很相似：

- 工作与本人及其价值观并不契合。
- 无法控制工作的完成情况，但出了问题仍要负责。
- 时常不确定自己该做什么，事项优先级经常发生冲突。
- 有太多事情要做，通常什么都做，但什么都做不好，对自己的能力缺乏信心。
- 缺乏支持，感到孤立无援，经常不得不独自完成困难的工作。
- 上司很少在身边，在的时候又过度干涉，指示还总是不明确。
- 过去曾对工作投注热情，在岗位上表现得很出色，但从未得到回报。
- 薪水低，职业不受尊重，认为自己几年后可能失业。

倦怠之时，还有一个重要的迹象是恐惧。没错，是我们前文提到的可能会威胁生存的恐惧。乔莉每天都害怕去学校，害怕有人给她分配任务，害怕自己完不成任务，觉得所做的一切都没有意义。持续地感到内心空虚、精疲力竭、消极悲观、暴躁易怒时，其实就已经倦怠了。总的来说，感觉就像汽车快没油了，但还要行驶100公里！

那么问题来了，怎么知道自己是散漫，还是真的倦怠呢？首先，我们来看看自控力不佳和倦怠的共同行为特征：

- 工作效率低，注意力分散。
- 不喜欢工作，也不喜欢非正式的工作，比如养育孩子、照顾病人或管理亲密关系。
- 感觉自己忙碌甚至过劳。

但相似之处仅此而已。有些迹象表明，我们是倦怠，而不是懒惰或缺乏自律。

危险信号1：情绪变化

如果是不自律，面对即将到来的任务，可能感受到最强烈的情绪是轻微烦躁。这有点像周五中午吃完午餐后，需要推一把，才能继续打起精神工作，但仅此而已。

然而，面对即将到来的任务，如果真切地感到绝望、愤怒、恐惧、悲伤或焦虑，我们是倦怠了。倦怠的一个重要迹象是，尽管身体上得到了充足的休息，但仍然感到“疲惫”，这表明我们在情感和精神上都很疲惫。

危险信号2：身体症状

没胃口、经常腹胀、头痛、慢性失眠等症状似乎都表明当前处于倦怠状态，而不是不够自律。胃通常是第一个显露出持续压力和焦虑问题的地方（比如胃溃疡和消化不良），也要注意睡眠和饮食习惯（做噩梦或食欲变化）。

危险信号3：快感缺乏

懒惰和拖延的人面对无聊的任务可能会毫无执行动力，但面对有趣的任务又会有动力。但如果是倦怠，即使是平时喜欢做的事情，也可能兴致索然，没精力去做。这种情况是缺失了感受快乐的能力，被称为快感缺乏。这是一个明确的迹象，表明已经有很长一段时间陷入倦怠之中了。

危险信号4：思维不清晰

难以集中注意力，健忘，或者词不达意，也可能是因为倦怠。大脑和其他器官一样，如果负荷过重，性能就会下降。需要留意的迹象有：冷漠，控制不了地走神做白日梦，或者感觉有点恍惚，感觉与世界脱节。

危险信号5：伤害别人

长期疲惫的人处于能量赤字中，做什么事情都很困难，其中包括与他人共情、耐心倾听他人或善待他人。自律能力差的人通常只会伤害到自己，如果自身行为对人际关系产生了负面影响，那更有可能是倦怠。

注意

观察一下，自己身上有出现上述几种危险信号吗？什么时候会出现呢？

如果发现实际上不是自律问题，而是倦怠问题，那么任务不是挑战自己，更不是接受更多的不适，而是充电！

思考一下，如果想让工作变得有意义和成就感，获得对工作更强的控制感，能做些什么呢？

- 将工作与价值观联系起来，重新评估目前的工作状况。
- 减少工作量，改变工作方式。
- 寻求支持、指导、额外培训，或者找一位能出谋划策的导师。
- 严格设立标准，不管别人要求多高，都要坚持自己的标准。
- 回顾过去的成就，重温自己的个人价值，增强自己的信心和信念。
- 换份完全不同的工作。

毫无疑问，这些事情很难立刻做到，也无法直接控制，工作条件往往没有多少商讨的余地。但倦怠是事情不顺利的标志，无论如何，保持不变只会将疲惫和低效持续下去。换工作很可怕，彻底改变职业生涯就更令人望而生畏了。那我们应该怎么办？

应对倦怠的好方法

不适和诱惑可以以“冲浪”的方式解决，但倦怠一旦开始，就很难逆转。

明智的做法，是在发展自控能力的同时，培养相应的习惯，知道什么时候该抽身，什么时候该休整，什么时候战略性地关照自己，管理好自己的精力。

提高自我效能感，关注内心的自我价值感

以乔莉为例，在工作岗位上没有真正的发言权，极大降低了她在工作中的自我效能感。自我效能感指的是，相信自己有能力以自己想要的方式行事。我们都希望自己是重要角色，希望能有所作为，希望自己的工作是有价值的。在实现目标方面，我们希望了解“游戏规则”，希望有能力学习并遵循规则。如果没有自我效能感，就会觉得工作毫无意义、不公平也不公正、在工作中茫然失措。

我们可能会认为，太难或太复杂的工作或任务更容易让人倦怠，其实并非如此。虽然工作颇具挑战性，但自己能在其中取得进展和进步，这样的工作就会使人备受鼓舞。反之，即使工作任务简单明了，如果执行时对自我效能产生怀疑，也会有倦怠的风险。

如果对工作缺乏信心，对“下一步要做什么”没有明确答案，就需要更强的自我效能感。

自我效能感来自特定的工作或角色（甚至是被上司领导和管理的方式），但我们可以通过很多方式来提高自我效能感。

- 不要等着别人帮助我们设置工作里程碑，要随时给自己设定小目标，达到目标就奖励自己。
- 为自己找到榜样人物，看看能从他们的生活中学到什么，并将其应用到自己的生活中。
- 设定真实渴求的目标。目标本身并没有激励或赋予意义的作用，

真正体现价值观的目标才有。花点时间，弄清楚自己做事的原因，并设定合适的目标。如果觉得这在目前的工作中难以实现，可能是时候换工作了……

- 不要贬低自己。改掉贬低自身成就的习惯，对自己的才能感到自豪。
- 保持学习。刻意扩大知识面，学习新技能，没什么比这更能让人感觉到人生轨迹在掌控之中了。

着眼于自身需求，而不是具体任务

如果工作或角色不适合自己，我们可能会不由自主地审视自己，挑剔自己身上不匹配工作的点；我们也可能把注意力放在必须做的任务上，而不是这些任务背后的动机和意义。

一个全新的视角是：思考自己究竟需要什么，相信自己有权寻找适合自己且能满足自我需求的工作。

我们的需求是什么？花点时间，列出大纲。以下是一些常见的需求：

- 做真实的自己，真诚正直。
- 做有意义、有价值的工作。
- 处于决策圈内，与他人沟通顺畅。
- 明白所做的事情会带来改变。
- 不用遵守毫无意义的规则。

一旦明确自己的需求，就不会任由思绪被具体的工作任务牵着鼻子走，就可以有所选择并努力去满足这些需求。

别把自己逼得太紧了

别人不太可能优先考虑我们的放松、平衡和幸福，我们得自己主动解决这些问题！有时倦怠问题的产生，是因为人们陷入了对自己要求过高的恶性循环之中：自身要求过高，身边人对我们抱有过高的期望，受到压力后，进一步提高对自己的要求。不过，在恶性循环失控之前，做一点预防性的自我关怀就可以了。

自我关怀意味着自我调节。电量不足的时候，及时充电。必要时，设个界限来保护自己，对明知自己达不到的要求说不。如果生活忙碌而疲惫，就应当寻找能让自己再次充满活力的事情。自我关怀的关键在于，意识到自己无法包揽一切，意识到成熟的自律行为包括寻求帮助、委托他人、寻求真诚的建议和反馈。

及时切换任务，身体最诚实

后疫情时代，许多公司实现了远程化办公，而远程工作使人们意识到自己需要给工作组织方式做个“保健”。关键是关注自己如何切换任务，例如，如何结束一项工作，如何开启休息时间。

- 有意识地关注自己的工作情况，而不是工作量。
- 不要一心多用。和家人一起放松时，不要让工作上的烦恼侵扰心神。工作时，一定要让家人知道我们没空。
- 自律地以富有成效的任务开启每一天，所选的任务要让自己在一天开始的时候感到自豪和踏实。不一定非要是艰难的任务，可以是简单任务，比如整理床铺或做运动。
- 如果在家工作，划分出明确的工作区，不要让各类任务相互重叠或相互渗透。完成任务就离开工作区，给大脑一个注意力转移的信号。

- 用电脑或手机之类的设备办公时，要设定一些基本法则。例如，晚上某个时间点之后不再查看邮件，不在办公桌上放令人分心的东西。
- 安排好休息时间，但不要把时间作为休息的唯一判断依据，也要注意情绪和身体状态，在感到疲惫时要及时休息。

自律通关指南

- 成长本质上是不舒服的，所以要习惯不适感！要明白，恐惧和不适并不能画等号，要以自己的方式邀请不适感进入我们的生活，逐渐扩大舒适区。记住，难堪、不确定、尴尬、不熟悉、不舒服并不一定意味着出了问题，也不意味着需要停止正在做的事情。适度的不适感是个人成长的迹象。
- “冲动冲浪”是指驾驭诱惑的浪潮，而不抵抗或屈服于诱惑。尝试两步冥想法：（1）深呼吸，缓解身体的不适和紧张；（2）觉察冲动，但不要对冲动作出反应。看到并承认欲望，体验并接受这种冲动的感觉，给冲动空间，相信冲动很快会过去。
- 不适感是生活和成长的一部分，但长期不适会导致倦怠。留心危险信号：情绪变化，身体症状，快感缺乏，认知障碍，以及对他人造成负面影响。
- 应对倦怠的方法包括：提高自我效能（相信自己有能力按照自己想要的方式行事），着眼于需求而不是任务，做好自我关怀，安排好休整，通过切换任务来保持所接触事物的多样性。

第七章

自律和活在当下

如果不仅想培养表面的自控意识，还想通过觉察来培养对整个生活的深刻掌控感，禅宗或许能提供一些宝贵的思路。禅宗起源于中国哲学，是大乘佛教和道教的融合，现已成功地传播到西方。

有意识的觉察能力

禅宗修行者能够直接接触现实和自我的本质，无需理论、符号、语言的辅助，甚至不需要理性和逻辑的直接应用。禅极富神秘色彩，常常刻意自相矛盾。最怪的是，禅无法写出或读到，只可以体验，而且只有一处可以体验禅，那就是当下。

在禅宗看来，“开悟”不是可以努力做到或以智慧去理解的东西，而是自发的顿悟。智力研究和逻辑思维无法引领人们达到顿悟。而只有通过冥想，这种大脑相当陌生的活动，才可以做到开悟。禅宗的精神实践非二元论，非智力，非理性，但在培养自律上有极大的作用，因为它培养的是有意识的觉察能力，而这种觉察能力为所有自我引导的刻意行动奠定了基础。

我们可以通过冥想来践行：

- 我们直面实相，没有执取，没有回避，没有判断。
- 我们觉察到自己的自动化反应模式。
- 我们不沉溺于过去或未来的画面、符号和想法。我们活着，只是为了真实的事物，也就是不断展开的当下。

- 我们意识到二元性、诠释和自我的存在，但它们如同涟漪，出现又消失，浮于现实表面。而现实是不变的，我们是现实的一部分。

实际上在日语中，“禅”就是冥想的意思。禅的路径、观念和行动是一个整体。禅是所做之事，是自身。禅宗初祖菩提达摩教导道，实相的本真可得于经文、学识之外，可得于自身、心灵和意识之中，得悟即可成佛，或者说发现自己早已身蕴佛性。

所以说，冥想并不是发呆，而是要保持觉察。平和且有意识地觉察此时此地发生的一切，包括周边的情境以及自己身、心、灵的变化，专注于呼吸。在冥想过程中，随着各种各样的念头出现次数的减少，我们对发生的一切更加敏锐。**冥想可以培养自律，但也需要自律。专注的意识是自律的果，也是自律的因。**

一定程度上，练习冥想触及了自律问题的核心。许多人表示，在冥想过程中获得的觉察力，可以转化到生活的各个领域中去。这不无道理，因为一定程度上，无论面临的挑战是情感的、行为的还是认知的，本质上都是在意识层面上感知到的。如果在这个基本层面上保持清醒和觉察，就能在各方面做到良好的自我调节。

静坐冥想

坚持冥想，好处多多。有时，冥想看起来像是苦差事，或者像是在做无用功。初次尝试冥想的人往往会感到沮丧，因为不知道自己究竟在做什么，不知道自己是否有所进步，不知道自己进步的进度如何。我们习惯了忙忙碌碌的生活，忙着赚钱，忙着处理纷繁复杂的人际关系，忙着生活得好一点。我们没空停下来，也停不下来。忙使人心性浮动和心意不专，缺少了对自己和生活的觉察力。因此专一于一种当下体验的冥想，带我们从繁忙中抽离，在喧嚣中寻得宁静。**找回了自我意识和自觉行动，也就拥有了自律。**

没有目标的冥想练习

首先要知道的是，静坐冥想没有目标和判断标准。进入没有目标和判断标准的状态，本身就很难。我们的目标不是成佛或开悟，不是成为杰出的修行者，我们只是坐着。体验这种状态是禅修的重要部分。

我们对纪律和自控的理解，可能是持续不断地对自身体验进行判断、解释以及塑造，并形成内在的看法。而禅宗与此背道而驰。实际上，禅修中最难的就是放弃这种努力和执着。甚至试图变得“没有目标”，只是坐着，仅此而已。

选择一个不会被打扰的时间段，每次10到20分钟。自然地坐着，脊柱自然向上，前胸放松舒展。可以尝试几种姿势，例如，双腿自然垂下，端坐在椅子上，双脚平放在地上。或者也可以选择盘坐姿势。其实，处于站立或者躺平的状态时，也同样可以进行冥想。只不过人处于坐着的状态时，背部挺直，呼吸更顺畅，更有助于我们专注于自己的呼吸。

双手可以轻放在膝盖上，放松地张开，或者放在小腹上，五指相扣，拇指相互压紧。这种轻柔的挤压感可以成为我们与当下的接触点，我们可以沉浸在这种触摸感中。在打坐中，通常会睁着眼睛，但不刻意凝视什么，只是自然地望着前方。

接纳自然流动的思绪，专注于呼吸

我们意识到自己在呼吸，但没有试图控制呼吸，也没有强求呼吸起到什么作用。只是感受呼吸，而不是过度关注呼吸。一旦确定了姿势，坐下来冥想，我们会立刻发现，大脑千方百计地想要逃离这种状态！

思绪逐渐飘忽，徘徊在想要做的事情和已经做过的事情之间，很多无聊甚至评判性的想法出现了。情绪开始短暂波动，脑中似有一个声音叫嚣着“太过无聊”。

觉察到这些，然后主动为这些想法和感受腾出空间，接纳这一切。学习驾驭阻力也是冥想练习的一部分。就像冲动冲浪那样，不要执取，不要抗拒。

- 也许我们突然觉察到自己刚刚走神了。这没什么，觉察到这一点，然后不加评判地把注意力转移回呼吸上。
- 也许我们忍不住回想自己今天做过的事情，觉得自己好像没做出什么成果，感觉很挫败。觉察到这一点，然后不加评判地把注意力转移回呼吸上。
- 也许我们成功把注意力转移回呼吸上了，但又想“很好！这次的冥想效果比上次的要好，我更平静了，我能切实感受到我的呼吸”。同时觉察到这一点，然后不加评判地把注意力转移回呼吸上。

全情投入，选择当下

在我们分神的这段时间内，我们的拇指仍然相互挤压在一起，呼吸仍在继续，我们还是原地坐着。无论思维和情绪如何流动，我们根本无法逃避当下。

我们可以全面觉察并意识到当下内在、外在发生的一切，我们能看见自己的念头、情绪和其他心理活动出现又消失，但只是看着它发生而已，然后回到呼吸，拥抱当下。最终，这些念头蒸发于无形。我们放松，却又相当警觉。没有推拉，没有挣扎，没有努力。把现实想象成一潭深水，纠结于无数的思绪和感受之中时，就像水波荡漾，泛起涟漪。

但如果让思绪和感受消散，水面就会变得平滑起来，折射光芒，可以瞥到深处，也许还能折射出自己的模样来。

缺乏自我意识的话，就无法自觉进入这种自然的内在祥和中去。我们要认识到，自己是有意识的。我们可以选择把注意力放在当下和当下发生的事物上，也可以追逐诱人的想法，在不知不觉中被欲望拖着走。

静坐冥想的呼吸练习可以帮助我们平静心态，渐渐接纳、缓和身体及脑海涌起的挣扎与不适。再说一遍，仅仅阅读冥想的文字并不能改变什么，付诸实践才行。

试着放下执取、忽视和反抗，觉察自己的感受，专注于呼吸，直面当下，并置身其中。如果发现自己陷入了精神困境，或者心烦意乱，把自己沉浸到感官之中去。让身体成为意识与行动的桥梁，帮助我们一点一点地进入放松的状态，自然改变意识状态。

没有必要去评判这个过程或我们自己。冥想结束后，我们不会拿到成绩单，没有评委来颁奖，就算在冥想期间走神了500万次也没关系。看着思绪走神500万次，又拉回来500万次，而我们只是安静地与其共处，仅此而已。

采取行动

现在，为自己安排下一次（或者第一次）冥想计划。先说好，到时候别肆意评判，甚至别有评判的倾向。有意识地观察和体会念头的升起和落下，保持平衡且温和的专注。

利用冥想来培养自律

通过冥想训练，我们可以提高对身体的觉察，包括呼吸、声音、动作、自我意识，让冥想的体验转化成生活中点滴的改变，逐渐扩展自律的深度和维度。

冥想帮助我们集中注意力，摆脱无意识和非理性的认知陷阱，找到平衡点，以平和的心态面对所遇之事。处于这种专注的状态之中时，我们能掌控自己，凭借自律为自己作出最好的选择，并自觉采取行动。

冥想不会把我们变成超人，但能为我们打开一扇觉察自我、向内看的窗户。从这个窗户看去，我们看到了欲望与冲突，我们有意识地给自己一个选择的机会：是受低级自我的控制和支配，还是以与生俱来的智慧和理性引导自己、激励自己，使自己变得更好？

这里有一个实用的计划，可以帮助我们通过冥想使生活更加自律。

第一步：选择冥想形式

训练思维，需要一个刻意的计划和形式。分心或疲劳时，就可以做冥想练习。有价值的不是练习本身，而是不断地专注于练习的努力。

我们可以选择专注于呼吸的静坐冥想，可以把冥想训练融入运动中，比如在散步、游泳或做瑜伽的过程中持续回归专注状态。

第二步：约定练习时间

一旦确定了冥想形式，评估自己过往的状态，和自己约定好练习的时机。约定好了之后就要去做，不要找借口逃避。如果我们约定，当自己感到悲伤、无聊、困惑或恼怒时进行冥想，那就一定记得把这些情绪带到冥想练习中，当天的任务就设置为观察这种情绪。

把这样一个事实铭记在心：没有任何事情可以阻止我们练习冥想。哪怕可用于冥想的时间不多，哪怕只能在不熟悉的地方冥想，都无妨。一旦开启冥想练习，就记住，这是必须要做的事。

冥想的益处在于为情绪和内心创造一方平静和平衡的天地，但每天练习本身就是益处之一。如果某天我们特别抗拒冥想，那么就硬着头皮冥想一下，然后去感受，拥抱阻力并在阻力上“冲浪”，而不受阻力支配的感觉。我们会发现，抗拒的感觉消失了，就像打坐时鼻子瘙痒一样。

如果我们发现自己在说“我没时间”这样的话，要意识到，这只是一个借口。这也是一个千载难逢的机会，我们得以面对真实的自己，重温自己的目标，以及设立目标的原因。不必坚持冥想几个小时以求开悟，持之以恒才是关键。比起沉浸在一夜之间脱胎换骨的妄想之中，坚持重复性地一小步一小步走，会更快达到目标。

第三步：加大练习力度

如果只是为了达到自我关怀、管理焦虑或缓解压力的目的，那就没必要不断增加冥想的时间。但我们的目的是培养自律。意志力是一块肌肉，用得越多就越强壮，我们必须不断加大练习力度。

但要注意的是，在冥想中，没有评判，没有羞耻，也没有强迫或期望。我们要意识到，发展是一个过程，要想培养自律，就要在进步的同时，调整挑战强度。

走中间路线：不必疯狂逼迫自己，但也不要懈怠。如果事情没有如我们所愿，赶快放手，继续前进。永远不和任何人竞争，也不试图证明自己，而是像学习骑自行车的孩子那样，逐渐卸下辅助轮，让自己萌芽的骑车能力成长得更快一点。

让更高层次、更睿智的自我做主，不要受恐惧的自我支配。如果正处于抱怨、怀疑、争论、批评或渴求即时满足的状态，那就微笑着面对吧——这只是我们的自我，不必顺从它。要有耐心，不要把自我看得太重。记住，障碍未必阻挡了前进的路，或许障碍本身就是一条路，一条探索自我、了解自我的路。

第四步：保持活力

要规避的，是无意识的、习惯使然的自发行为。我们的活动是持续性地面对现实，而现实的每一刻都是新鲜的、全新的。做冥想训练，有时会陷入困境，觉得自己只是在走过场。要想在练习中注入活力和自然，可以试着偶尔把事情弄混。不要做假设，也别认为自己已经掌握了一切并急着坐下来放松！

冥想没有终点，永远不会结束。可以时不时地尝试不同形式的冥想。当麻烦或尴尬出现时，不要忽视，也不要逃避，勇敢直面，对未知、不解或不在掌控之中的事，要始终怀有好奇心。

这些小事就像一扇扇待启的门，能够扩展和深化我们的修行。不要只是坐在垫子上假装冥想。坐下来的每一刻，都要像以前从未坐过一般，惊艳于闪耀的新鲜体验，因为当下的现实正是如此令人惊艳！

有些时候，勇于接受挑战，能够帮助我们战胜阻力和强烈的消极情绪。有些时候，相信在当下应该安静地休息，就是一种挑战。学习分辨这些，是冥想冒险的全部意义所在。如果能坚持挑战并保持觉察，就会把觉察带到生活中每一件事上，不必再需要冥想坐垫的辅助。过去让我们拖延的工作责任，或许会变成有趣的新机会。

自我探索之路

我们总认为意志力是对抗冲动的能力，有了这种能力就可以做理性的自己。然而，与本能的对抗终将无果，自控并不是自我压抑、自我对抗，而是要先接受内心冲突的存在。

人的本能就是追求瞬时的满足感，为了眼下的安逸而把正经事一拖再拖。我们理所当然地认为自律造就成功，失败来自懒惰和冲动，来自碎片化时代无处不在的诱惑。

我们可以静下心来，和自我来一次深度对话，坦然面对自己的欲望和冲动。与冲动共处，不要试图摆脱它，像驾驭海浪一样驾驭它。对内接受自我，对外控制行动。不要把冲动付诸行动，只是静静地和它共处。

用“我想要”去打败“我不要”。人很奇怪，越是试图压抑自己，越会产生相反的效果。不如先找回自己的初心，用目标去指引自己，明白心中所需，眼前就有了道路。可以把那些被迫需要实现的目标和必须跨越的障碍想象成“超我”，比如考一个好成绩、拥有美好身材……

寻找本我真正想要的快乐，消解内在小孩的抵抗模式。这种真正由“我”产生的欲望，才能激发内在的动力，才能没有内在的抵抗。

掌控环境，超越诱惑和干扰是一回事，而掌控自己则是另一回事。如果能掌控自己，那么，面对逆境、困难、恐惧或诱惑时，就会更强大。有人说，人生其实只有一个对手，那就是自我。

海豹突击队员、拳击手以及杰出运动员都会以同一种方式来实现自律——战胜恐惧，克服痛苦和不适，努力培养精神韧性。

少林僧人培养自律的方式有所不同。

在古老的少林文化看来，寻获生活的意义和目标，是唯一真正的目标，而在充满幻觉的世界中找到实现这一目标的道路，才是真正的挑战。因此，掌控的终极目的，不是发家致富，不是变强，不是练出6块腹肌，而是清扫通往真理道路上的障碍。

诱惑、干扰和令人生畏的挑战就像一团雾，让人看不清什么才是重要的，看不清自己的真正面目。要克制吃垃圾食品或看无聊电视节目的基本欲望，这没错，但这样做的原因在于，这些东西阻碍了自我探索。如果没意识到自己行进于自我探索这一伟大旅程之上，就会被垃圾食品和电视节目分散注意力，从而陷入困境。目标不是自律，而是自我探索，自律是达到真正目标的助力。

少林之道假定了自我探索之路上的5个障碍。这些障碍不是具体的行为、想法、感觉或选择，而是导致这一切出现的精神状态。

障碍1：感官欲望

从根本上说，诱惑会刺激五感。屈从于诱惑，就会受到诱惑的摆布，无法继续在通往深层真相的道路上前行。让人上瘾的垃圾食品，吸引注意力的新闻和社媒，“软色情”信息，亚马逊上便宜又令人兴奋的商品，酒精，甚至是超级舒适的沙发，我们的一天中，有多少时间被这些诱惑所控制？

障碍2：厌恶和恶意

消极情绪会让人偏离正轨。强烈的消极情绪可能与五感无关，但却对我们有着极强的控制，阻碍能动性、自我意志和自我选择。情绪是生活的一部分，消极情绪无法避免或忽视。但正如所见，如果不处理，不掌控，放任自流，那就会扰乱我们，分散我们的注意力。

恐惧、后悔、怨恨或内疚等情绪是否曾使我们偏离自己的宏大目标？以前或许我们从未想到，对消极心态成瘾就像毒瘾和赌瘾一样，会限制我们的生活。

障碍3：沉闷和迟钝

少林文化将沉闷和迟钝定义为冷漠、抑郁和缺乏动力。在佛教框架中，抑郁症与其说是精神疾病，不如说是监禁般的精神状态。

障碍4：焦躁不安

路漫漫，要始终朝着同一个方向前行。“不安”是转移注意力、分散注意力、分散精神能量。如果我们不知道什么该是优先事项，缺乏目标，或者觉得自己同时在处理一百万件事情，那么我们并没有在道路上旅行，而是在疲于奔命地兜圈子！这种虚幻的忙碌也被称为“猿心”，是许多人停滞不前的重大原因。

障碍5：多疑

这就像天生内置泼冷水机制，会破坏、危害和怀疑生活中的一切。缺乏信念，缺乏信任，缺乏自信，说服我们相信大脑的谎言，阻碍我们自我探索。如果我们优柔寡断，非常悲观，不相信自己，也不相信自己的梦想，这个特殊的障碍已经在阻挡我们前行了。某种程度上，我们成了自己的障碍。

怎样才能绕过这些障碍并回归正轨？下述一个四步法。

- 第一步：觉察到当下正在发生的事情和当下的精神状态。把想法当成纯粹的想法，把感觉当成纯粹的感觉。
- 第二步：接受当下的状态就是自己的现实，不加评判地承认其存在。
- 第三步：观察和调查。这种状态出现之前发生了什么？这对我们有什么影响？代价和后果是什么？
- 第四步：与这种状态保持距离。我们和我们的思绪不能画等号。

来看看这种方法在现实生活中会如何发挥作用。

第一步：我们感到压力很大，把任务拖延了一天。我们意识到自己回避、消极且不安。我们产生了一系列想法和感受：对自身能力感到绝望，用无聊且无效的信息填充自己，从而逃避现实，逃离不适的绝望冲动。

第二步：注意到这种感觉时，不去评判。这样就不会被羞愧和沮丧冲昏头脑，毕竟，这些消极情绪同样是阻碍。想象一下，把我们的各种心态摆在桌子上，我们端详着它们，接受了，这就是自己当下的真实状态。

第三步：进一步观察和调查。我们可以看到，对表现不佳和遭受评判的恐惧导致了拖延，而拖延又带来了更多压力，破坏了我们的努力。我们意识到，这种状况阻碍了我们做真正想做的事情，是个障碍。觉察到这一点后，我们进一步发现，这种心态失效了。

第四步：现在在脑海中想象，我们的各种心态都摆在了我们面前的桌子上，拿起桌上的每一件物品，决定是否要保留。这个心态会让我们自卑吗？会让我们怀疑自己的能力吗？会的话就丢掉，只留下不会碍事的东西。在这个可视化过程中，我们与原先的心态获得了心理距离。那种思考和存在的方式并不是真正的我们，只是我们当下选择做的事情。我们想继续选择它吗？

就是这样。不必为自己当下的状态感到羞愧或失望，毕竟羞愧或失望又是一重障碍；不必逃避或否认障碍，因为不能接受也是一重障碍。任何心理状态只要被觉察到了，就都是可选择的。我们总是有能力思考并判断事物是否真的对自己有帮助。

上述技巧看似简单，却并不容易做到，正是这样的心理训练，使少林僧人养成举世闻名的自律。心理和精神的力量就像身体的力量一样，需要持续的训练。少林僧人练习功夫，但终极目标是成为心灵的战士，与内心干扰作斗争，从而坚定不移地走正道。

回到这本书最初的难题：现在是午餐时间，我们面临着是吃美味健康的沙拉，还是吃不利于减肥计划的芝士汉堡和薯条的选择。起初，作出正确的选择只是表面的行为。而练习后，我们就可以像少林僧人一样思考：正确的选择是与自身宏大的真实目标相契合的选择，不契合的就该刻意忽视。虽然神经递质、激素反应和条件反射习惯对选择产生很大的影响，但终究，意志和精神的力量能够超越这一切。

少林僧人可以置身于身体的感官欲望之外，于恐惧和懒惰之外，于每时每刻都在轰炸的纷乱思绪之外。在这一层面上解决问题，就是在玩截然不同的游戏了。如果只是在节食，想吃汉堡和薯条，但却逼自己不吃，那我们只不过是一只暂时给自己戴上了口套的动物。但如果意识到责任和纪律也是一种自由，我们就能完全改变心态。

正如圣奥古斯丁所说："人有多少罪恶，就有多少主人。"面临午餐选择时，实际上面临的任务是：

- 让欲望、恐惧和弱点成为我们的主人。
- 没有主人，并且有意识地、心甘情愿地去追求真正重要的东西。

当我们把事情定义成这样时，还有什么诱惑是值得的呢？还有什么能让人分心或上瘾呢？

冥想让大脑更聪明

自控予人以平衡、冷静和正直。自控力是可以锻炼的，而冥想是锻炼大脑自我控制能力的技术。就像趴在地上做俯卧撑，只是锻炼身体的技术。

冥想可以提高记忆力、注意力、创造力等认知能力。关于冥想的脑机制研究发现，长期冥想会让大脑的伽马波活动比平时增加，而伽马波与注意、记忆、学习等心理过程有着密切联系，能够延缓因为衰老而造成的大脑灰质变小，从而延缓认知能力的下降。

经过不断的冥想练习，大脑的自我控制能力就会增强。

当你看到窗台上蒙了一层灰尘时，如果想打扫就会站起来打扫；当你看到地上有一块儿污渍时，如果想擦干净就会立刻去拿拖把。

同样道理，不止房间，你自己的身体也是。

当你觉得肚子上的肉有点儿多时，如果想减肥就能立刻起身锻炼，哪怕是站着；当你觉得头发有点儿长时，如果想剪立刻就能去喜欢的理发店剪一个想要的发型，而不是等到第二天再去；当你觉得牙齿有问题时，如果想要看牙医立刻就会去预约时间，而不是等以后再说。

自律通关指南

- 禅宗的非智力和非理性的精神实践有助于培养自律，因为它培养的是有意识的觉察能力，而这种觉察能力为所有刻意和自我引导的行动奠定了基础。冥想可以建立自律，但也需要自律。专注的正念意识既是自律的果，也是自律的因。
- 打坐是一种无目标的静坐冥想，在打坐中，我们与现实面对面，没有符号，没有执着，也没有抗拒。冥想有助于培养自律，因为在觉察状态之中，我们可以选择是否要沉浸到转瞬即逝的干扰之中去。
- “只管打坐”是“只是存在”或没有对象的冥想。冥想于自然之中有助于培养“只管打坐”。
- 对于少林僧人来说，探寻生活的意义和目的，是唯一真正的目标，在充满幻觉的世界中找到道路，是真正的挑战。他们面临5种障碍：感官欲望、厌恶和恶意、沉闷和迟钝、焦躁不安和多疑。觉察到这些障碍时，要认识、接受、观察它们，并与它们保持距离。
- 冥想打开了一扇短暂的觉察之窗；通过这个窗口，我们可以提醒自己变得更好，做得更好。选择一种冥想方式，安排好时间，不断自我挑战，推动自己走得更远，永远不要陷入一成不变的状态。面对诱惑和干扰，应当心存感激，因为它们是自律和自由意志的炼金石。

第八章

行动如何改变心态

意识重要，行动也很重要。在这个世界上，没有什么会自动实现，除非我们采取行动。在本章中，我们将探讨持续采取积极行动所必需的态度，以及采取无意识行动，或者不断作出错误选择时，可能陷入的陷阱。

“我能行”态度的真正含义

“我们必须有积极的态度！”

这种陈词滥调看似空洞浅薄，但却是真的。当人们试图创造理想生活时，常常会误认为心理状态是外部事件的结果。但恰恰相反，精神状态实际上是外部事件的原因。

如果态度消极，就会变得被动，就只能被迫承受生活加诸我们身上的一切；有了积极的态度，我们就会积极主动地促成重要的事情发生，也相信自己有能力促成。

很明显，积极的“我能行”的态度与自律的生活和取得成功息息相关。但真正能做到改变思维方式的人太少了。这是一种实践，是我们必须不断去做的事情，没有人会强迫我们行使自主权！

成长型思维与固定型思维

穆罕默德·阿里是当今世界上最伟大的拳击手之一。在2006年出版的《终身成长：重新定义成功的思维模式》一书中，作者卡罗尔·德韦克（Carol Dweck）对阿里有着这样的评价：

“（他）并非天赋异禀。他速度很快，但没有天生的拳击手应有的体格。他力量不够，动作也不够标准。实际上，他完全是用错误的方式拳击，他不会用手臂和肘部挡拳。在赛场上，他像个业余选手一样出拳，露出下巴。阿里的前同事何塞·托雷斯（Jose Torres）说，他把躯干往后拉，以躲避迎面袭来的拳头，这就像是‘在铁轨上，想要躲开迎面驶来的火车，但不是往铁轨旁边移动，而是向后跑’。”

但即便如此，面对那些打法标准、体格健硕的对手，那些看起来更壮、更强的对手，他总能赢。原因何在？

我们只需要看看阿里比赛的录像，就会惊讶地发现，尽管他的身高和体格一般，但他在职业生涯的61场比赛中赢了56场，有些对手的拳击技艺比他娴熟得多。

根据德韦克的说法，阿里拥有所谓的成长型思维。成长型思维是一种信念，它指的是，现在的我们并不是将来的我们，我们是可以成长和发展的。因为技能是可以习得的，水平总是可以提高的。这意味着要接受失败和挑战，因为失败和挑战能让我们变得更好。要承认，努力对掌握技能至关重要，所以要作出努力，欢迎反馈，不要让自我成为阻碍，要坚韧而心怀好奇地面对挫折。可以说，这就是“我能行”的态度。

固定型思维则相反。这种思维模式让人们沉浸于自己的固有特征之中，人类的特征是固定不可变的（与生俱来的，或是受到诅咒的！），正因如此，为了保护自我，最好避免挑战，忽略反馈。他们认为努力不是必要的，所以没人付出努力，而是选择责备、自卫和放弃。

天生拥有什么，实际上并不那么重要，重要的是我们用自己与生俱来的东西做了什么。成功在于如何应对挫折，如何安排学习，如何看待努力。总而言之，成功取决于态度。

- 我现在不行，所以永远都不行。（×）
- 我能学，能找到办法。（√）
- 失败很痛苦，我讨厌失败。只要能避免失败，我什么都愿意做。（×）
- 我能应对失败。失败是成功之母，我愿意学。（√）
- 我不够好。（×）
- 我怎样才能变得够好？我现在能做什么？（√）

同样，这一切都归结于有意识的行为，并且需要自律。

注意

我们是否曾告诉自己，“我就是这样的人”，或者因为不具备实现目标所需的条件，就悲观地设想自己永远无法实现某些目标？搞清楚这些自我强加的限制后，尝试一个小技巧。在这些语句的末尾加上“现在”或“目前”，例如，“我不擅长数学……但是我在努力……现在就努力”。

一致与不一致

“我能行”态度的很大一部分是完整性。

一致意味着，所有部分都是协调一致的。思想、感觉和行为都是同一个整体的一部分。不协调意味着某些部分与其他部分不太合拍。

例如，我们每天冥想，对自己的思维模式有了更深刻的了解，且允许理性意识作出合理的决定。我们的思想和行为都朝着积极的方向发展，但事情并没有改善。为什么？因为情感被抛在脑后了。理性上，我们理解事情是这样的，并按照自己认为正确的方式行事，但事实上，我们的心不在其中，整体上缺乏一致性。

- 学到新东西时，要找到应用方法。有了新认识，就要行动起来，使之脱离知识领域，融入现实世界。
- 采取行动时，花点时间处理情感和认知层面上取得的成果。我们感觉如何？我们的自我评估可以更新了吗？
- 如果觉察到自己出现了情绪，要心怀好奇，思考思想、感觉和行为三者之间是如何相互作用的。不羞耻，不评判，单纯只是调查情绪前后的想法和行为。把情绪放在更大的图景中去，就能对当前情况有一个更立体的看法。

举个简单的例子，在冥想过程中，我们注意到，自己一直坐立不安（一种行为）。不要只是想着该停下来，也不要只是强迫自己停下来，我们要调查这个行为背后的情绪和想法。我们觉察到自己紧张不安，而背后的思维模式是这样的："我们错了。我们是个失败者，我们需要尽快纠正错误。"

在冥想过程中，要兼顾思想、感觉和行为三个方面。随着时间的推移，我们改变了底层思维模式，更放松了，不再坐立不安了。"问题"的解决并不是因为有足够的自律来强迫自己改变，而是因为自己已经有了整体的改变。因为思想、感觉和行为都是相互影响的，一方面的改变必然导致另一方面的改变。

如果没能在整体上保持一致和完整，我们就会不断告诉自己："别坐立不安了！"

但我们始终未曾触及其中的想法和情绪，所以状况得不到任何改变。因此，虽然我们谈论的是思维模式和态度，但要改变的不仅仅是认知，而是整体。

内心的破坏者与圣人

2012年，心理学家希尔扎德·查米恩（Shirzad Chamine）提出了人类发展理论“正向力”。他声称，成功与否取决于正向力水平，而正向力本身，可以说是对内心的破坏者和圣人的听取比例所决定的。

破坏者发出的是自我批评、怀疑、恐惧和评判的声音。这个声音的目的是自我保护，但使用的手段却是打击和扭曲自身观念。它基于过去和未来而发声，是消极、恐惧和评判性的。

圣人发出的则是平静而宽容的理性声音，它源于力量、好奇心、创造力和满足感，完全立足于当下，乐观、理性而开放。

每时每刻，我们的脑海中都在进行自我对话。这些声音是来自圣人还是破坏者呢？破坏者说：“我们蠢死了。”而圣人说：“每个人都会犯错，我们是在学习。”

根据查米恩的说法，正向力取决于听取哪个声音，以及根据声音对自我世界的塑造程度。

优秀与完美

“我能行”的态度不是等待理想的环境出现，然后才行动。没有完美的时机，或者说，完美的时机永远是现在。我们永远不可能准备得十全十美，也永远不会有百分百成功和零风险的行动时机。正确的态度是不让完美成为优秀的敌人。

一种隐形反抗是，告诉自己之后会采取行动——但明日复明日，明日何其多。总有一天，等研究透彻了，准备充分了，就着手去做。这是披着主动外衣的被动。正如前文所说，要从实践中学习，先开始做，然后边做边解决问题。

放下“做到最好”的压力，而是尽我们所能地去做。我们要做的，就是采取行动。评估结果，调整方法，再次行动。如果立即着眼于有意识的行动上，结果自然会好。完美是由无数不完美的小事组成的！

因此，“我能行”的态度是基于成长的态度，是与各部分自我协调一致的态度，是由圣人而非破坏者的声音引导的态度，是专注于不完美行动的态度。

无论遇到什么，我们都能做好。

成功中，10%取决于所处环境，90%取决于如何对待环境。

采取行动

现在，我们的情绪如何？我们的思维模式是固定型还是成长型？我们的脑海中，掌握指挥权的是圣人还是破坏者？挑战一下，找出一件我们觉得目前做不到的事情，以“我能行”的态度来对待它。

如何拥有赢家的思维模式

赢家的思维模式是最值得研究的思维模式之一。

我们可能会问自己：是什么让某些人有动力去追求目标？是什么让

某些人走上了别人做梦都不敢走的路，并且取得了意想不到的成绩？也许最大的问题是，别人早就放弃了，为什么某些人仍然能坚持下去？

我们可能已经猜到，答案是——成功者有独特的思维模式。在本章中，我们将探索这种思维模式的本质。但首先，我们要弄清楚，什么是赢家。我们谈论的不仅仅是符合狭义的传统成功标准的人，比如富豪名流。赢家应当能够应用自己独特的方式，行使自己的意志，实现自己的目的，并卓有成效地执行计划。

年龄、社会地位、背景、局限性、从事的领域，这些都不用在意，关键在于，赢家是能促成所求之事的人。

成长型思维模式和固定型思维模式的差异还记得吗？赢家不是天生的，而是后天培养的。成为赢家并非天赋，而是每天每时每刻的选择，是培养而成的。这是个好消息，因为这意味着，我们永远不必屈从于眼下的生活，不必艳羡别人拥有的东西。只要愿意培养，我们每天都可以拥有赢家的思维模式，方法如下：

明确自己的目标

要有清晰的愿景和明确的目标，但目标必须契合价值观。如果知道自己想要什么，就会知道自己该抓牢什么，也就不会把时间浪费在无效的工作上了。我们将能够创建一个专注于自身的计划，并确定优先事项。有了正确的计划，运气便可有可无了！

为实现目标承担责任

这里有一个挑战：扪心自问，现在，我们是否因某件事而怪罪他人？

也许我们在为自己糟糕的消费习惯迁怒于父母；也许我们在为低工资怪罪老板；也许我们把今天没出去散步归咎于天气不好。

仔细思考，是否能收回一些自己该承担的责任。即使父母没有教我们如何做好资金预算和安排，难道我们现在学不会吗？即使管不了老板发薪水的金额，难道不能谈判加薪或换工作吗？如果不去散步，是不是至少有一部分原因是我们不想去？

承担起责任时，我们就会擦亮眼睛，看清可采取的行动有哪些。采取行动，就有了改变现状的权力。报名成人金融知识课程，找另一份工作，买一件雨衣以便雨中漫步。

有时候，我们说："我什么都改变不了。这不是我能决定的。这不是我的错。这不是我能控制的。"我们真正想说的是："我已经放弃通过自己的力量来改变这种情况了。"并不是说要为此自责，甚至要完全把责备、羞耻和评判从脑海中移除。我们犯错了？这没什么大不了，承认错误，然后继续前进。想一想，下次哪方面我们能做得更好？羞愧是没有用的，尤其如果羞愧让我们无法采取积极行动，就更不合适了。

忘记别人的目标

要想做到遵循自己的价值观而活，关键是要意识到，我们在走自己的路，不需要和别人竞争。其他人如何应对挑战，重视什么，走了多远，全都跟我们无关。

成功者"待在自己的车道上"，不会受其他车道上的人干扰。他们不干涉别人，也不评判别人，同时，他们也不让别人的干涉或评判阻碍自己前行。他们出发，不是为了得到别人的认可，也不是为了遵守惯例。他们设定自己的标准，并专注于此。

他们也会向别人学习，或者因他人而获得动力。但这绝不是较量的态度，而是："哇，我们在为目标而努力；我也是，我们能互相传授点经验吗？"讽刺的是，那些最认同"赢家"和"输家"等术语的人，可能压根儿不具备赢家心态，因为他们认为，只有竞争这一种方法可以赢得第一。

还有一点也同样具有讽刺意味——赢家即使取得了成就，也没空享受努力工作的回报，大部分时间依然在努力工作。冲过终点线的人，会在终点迎来成就和自豪的光荣时刻。但在那几秒钟之前，他们都在持之以恒地艰苦奋斗，日复一日，年复一年。

我们只看到令人惊艳的成功之花，却看不到日复一日的辛勤劳作，枯燥乏味的训练，得不到表扬和认可却始终如一的努力。赢家们明白，努力工作是必须的，是没有商量余地的。他们这样努力，是为了长远的目标，仅此而已。他们不去想象梦幻般的终点线，也不因漫漫前路而泄气，而是埋头苦干，脚踏实地地去落实。

不要安于现状

中庸很好，和别人一样没什么错。但对赢家来说，要想达成目标，平均水平是不够的。他们不会满足于现状——如果能做得更多更好，他们就会去做。

扪心自问，有多少次，我们接受了平庸，只是因为平庸能轻而易举地抵达，只是因为没有人推着我们走得更远？

拥有赢家思维后，我们会发现，别人满意了，停下了，我们却还想继续前进，而别人无法理解我们的愿景，也无法理解我们为什么努力。对于赢家来说，追随内心总是比随波逐流更令人满足。他们坚持自己的标准，绝不为了轻松而放过自己。

不要安于现状，如果想走轻松的路，对自己诚实一点，接受风险。毕竟，在生命的尽头，只有我们自己需要满足于自己的人生，不为选择而遗憾。

保持开放

赢家拥有某种创造力——感觉到世界充满了无限的可能性。当我们相信自我效能并且愿意努力工作时，我们会发现，目之所及皆是机遇。

当失败时，我们就会好奇，到底怎么样才会成功。这就像戴着一副玫瑰色的眼镜，但在这种情况下，这副眼镜只能让我们看到潜在的新鲜事物，它们充满希望，令人兴奋。这实际上带来一种灵活性，使得我们可以调整计划。我们不放弃，只是做调整。

总结一下。成为赢家不是靠运气，也不是别人给的机会，而是：

- 看待世界的方式。
- 这种思维驱使我们采取的行动。

这两种东西对任何人都适用！还有什么比这更鼓舞人心呢？

注意

暂时忘掉其他人，正视自己的心。思考一下，在生活中哪些方面我们可以做得更好，可以迎接挑战，实现更高的目标——不是为了别人，而是为了我们自己。即使不太确定接下来要做什么，作为第一步，至少要承认自己有未曾发掘的潜力。

学会驾驭“溜溜球效应”

我们可能已经猜到“溜溜球效应”指的是什么了，而且很可能我们自己也经历过。

杜克大学心理学家凯利·D. 布朗内尔（Kelly D. Brownell）将其定义为节食减肥导致的周期性减重和增重。布朗内尔博士表示，人们往往难以坚持节食，最终会回归旧的饮食模式。这个故事我们大概也知道：

1. 我们改变了饮食，体重减轻了。
2. 我们想着：“哇，任务完成了！”然后恢复从前的饮食习惯。
3. 体重反弹。
4. 我们又重复了一遍。

或者出现另一种情况：

1. 我们改变了饮食，但体重没有减轻。
2. 我们气馁，然后恢复从前的饮食习惯。
3. 体重反弹。
4. 我们又重复了一遍。

正如所见，无论结果如何，我们都在坐过山车，处在极端情绪和不可持续的生活方式变化之中。我们可以作出改变，但无法坚持下去。这就好像我们始终在训练自己开始，但学不会结束。

限制卡路里摄入，体重就会减轻，而随着体重减轻，我们对卡路里的需求也会减少。换句话说，纤细身材日常消耗所需的卡路里比庞大身躯所需的更少。新陈代谢并没有减慢，我们也没有进入“饥饿模式”，只是身体发生了变化。

但是，苗条的身体不需要那么多卡路里，如果我们又摄入几卡路里，那么，我们会重新变回初始体重。我们的努力是暂时的，因此我们的成功也只会是暂时的。“溜溜球效应”的根本原因不是新陈代谢紊乱，而是思维，也就是说，认为节食是一劳永逸的解决方案，一旦获得一定程度的成功，就可以停止，回归旧的饮食习惯。

如果认为，行为改变只是暂时的把戏和技巧，达到理想结果就可以停止，就注定会被打回原形。“节食”不起作用，因为本质上是暂时的；只有永久性地改变生活方式，才能成功减肥并保持身材。

节食所抱有的实际上是一种适得其反的精神状态。想象一下，为实现一个明确的目的，我们发挥出了不可思议的自控能力。我们认为自己所做之事一定程度上超出了正常生活的范畴，与“正常”的做事方式截然不同。但要实现真正的改变，需要彻底改变对“正常”的看法，改变对自控的看法，而且，做这件事，并不是为了以后不做。

节食时，我们会想：节食会很艰难，所以我周末先放纵一下，星期一再开始。我已经节食整整3个星期了，所以我要奖励自己吃一次垃圾食品！

看到问题了吗？我们发自内心地认为，不良饮食才是正常的状态，是一种自我款待，而健康自律的饮食是痛苦，需要忍受，最好能尽快结束。所以许多营养学家和健康专家说“95%的节食都失败了”，因为节食这种行为本质上就注定要走向失败！

除非我们能下定决心：

- 我有意识地选择过一种快乐健康的生活。
- 我做得越好，就越有动力继续下去，就会做得越多，而不是困在旋转木马、过山车或溜溜球上，困在循环往复之中。

当然啦，溜溜球效应不仅指节食减肥，还包括各种真正改变行为的努力。要是训练几周，跑完几次马拉松，就放弃运动，久坐不动，就不该希望保持健美。要是找一份新工作，努力工作一个月，然后就一直懈怠，就不该指望薪水能一如既往地到账。

在新的成功水平上，要调整期望，并保持调整后的努力新水平。

例如，如果我们体重275公斤，把饮食控制在4000卡路里，就能减重不少。但是逐渐接近健康的体重时，需要摄入的卡路里也会变少。节食一年后，我们的饮食摄入要比从前小一大截，这并不是因为身体的新陈代谢受损，而是因为必须学着像苗条的人那样吃饭。

这条发展轨迹适用于生活中的任何一种努力。如果努力程度保持不变，甚至降低，那么回报同样也会减少。取得成就或微小进步时，就进入新的水平阶段。要保持在新层次，就要符合新层次的要求。如果又作出了低层次的表现，就会重返低层次。

回归到旧习惯，就是一种错误。

一次一个行动，一次一个信念

让我们更深入地探讨一下改变的过程。发展、提高和成长很少是简单的线性过程。例如，减肥时改变的，就不仅仅是体重秤上的数字。

行为方式改变了，思考方式改变了，整个身份都变了。

我们可能偶尔会看到，有些人瘦下来之后，仍然穿着大得空荡荡的衣服，走到门边上还会下意识地侧着身子。他们的身体发生了变化，但对身份认同还没有跟上变化。

正如前一节中所说的那样，我们常常无法作出改变或坚持下去，因为在保持态度、生活方式和习惯不变的情况下，所有的解决方案都只会是暂时的。

信念驱动着行为。如果只改变行为，而不改变潜在的信念，这种行为的改变只会是暂时的。

行为改变有3层：

1. 改变结果。
2. 改变信念。
3. 改变身份认同。

注意

我们的长期目标是什么？把它写下来，仔细观察我们的措辞，思考一下这个目标所涉及的变化层次有哪些。

我们的目标可能是减掉5斤或者学会法语。

这些目标都很棒，但也都很肤浅，因为只关注外在的最终结果（第一条），没有提到伴随改变而生的潜在信念（第二条）或身份认同（第三条）。

所以，行为由信念驱动，信仰受身份认同影响。但在这个循环中，身份认同也会受到行为的影响。

习惯性行为反映了信仰，这些都取决于我们自认为是什么样的人。每天都吃健康的食物，是因为相信这样做是有价值的，而这一信念源于“我是一个健康的人”的身份认同。身份认同、信仰和行为相互强化。坚持健康饮食的每一天，都在确认自己的身份认同，巩固信仰。

但是，我们或许只作了表面的行为改变。例如，强迫自己每天早餐喝一杯水果奶昔。采取这种行为的同时，如果伴随着“健康饮食是无聊的苦差事”这一信念，以及“我就是个饮食不健康的人”这一身份认同，那从长远来看，什么都不会改变。事实上，无论如何，真实的身份认同和核心信念最终会体现在行为上。

要想作出长久的改变，需要在上述3个层面上都作出改变。

要想让改变持续下去，有一个问题需要解决：人们需要时间来更新身份认同，从而适应新行为。例如，我们从小到大的饮食习惯都不健康，换句话说，我们脑海中有很多证据可以证明，我们就是不健康饮食者，我们以前的行为和信仰也伴随着这些证据一直与我们同在。

但是，突然有一天，我们决定要作出改变，要拥有健康的饮食习惯。我们开始作出一些行为上的改变。这些变化很好，也正在产生积极的影响。我们将会取得健康饮食者的新身份，但还没有取得。所以有朝一日，我们又会退回到不健康饮食中去。此时，大部分证据表明我们是不健康饮食者，但也有较少证据表明我们是健康饮食者。同样地，我们内心可能仍然怀有与“不健康饮食者”这一自我概念相匹配的信念，并没有完全内化健康生活方式带来的良好新信念。

会发生什么呢？惯性和习惯占了上风，我们会按照自己的信念和身份行事——作出不健康的选择。作出这样的选择之后，我们甚至会感觉良好，毕竟，现在一切又回到了熟悉的模式之中，是吧？

改变是可能的，但需要时间。每一次经历都会塑造我们，每一个行动都会让我们更上一层楼，但这并非一蹴而就。比如去上法语课，这是一件很棒的事，于是我们坚持了好几周，但或许得上几个月或几年的课，才能把法语说得像模像样。

不过，这并不意味着单节课没有价值。朝着新的方向，一小步一小步地重复迈进，微小的改变会逐渐生根发芽，变得越来越真实。每一个选择都会强化一套新的信念和一种新的身份认同。单一行动或选择不能助我们跃进，但坚持不懈的行动会带来改变。进展缓慢，却肯定存在。

这就是为什么自律很重要——在自我的新旧交替之际，自律促使我们不断采取行动。通过每个选择，自律可以帮助实现“微进化”。

改变行为能够改变自己，但是否拥有改变行为的能力，取决于是否拥有以新视角认识自己的能力。这里有个不错的技巧：经常提醒自己，方向一致的微小的行动是有价值的。

每次作出了健康的选择，就告诉自己：“我是健康饮食者。我喜欢蔬菜。我总是能明智地选择健康食品。”

每次来到了健身房，就告诉自己：“我是健身爱好者。我是那种每天锻炼的人。”

每次拿起了画笔，就告诉自己：“我是个艺术家。我是一个有创造力的人。”

即使是第一次做这些动作，也要这么告诉自己！因为要改变的不仅是行为，还有信仰、态度、感受以及自我认知。我们不仅仅是想表现得不一样，我们是想真正成为不一样的人。

人无完人，我们都会犯错。所以，如果行为倒退了一步，我们选择了旧的习惯，做了不合宜的事情，说：“这不是我该成为的人，不是我该做的事。”有意识地告诉自己，这种行为并不是旧有身份的证据，只是暂时的消遣，可以忽略不计。

想象一下，两个人都收到了一支烟。第一个人说：“不，谢谢，我正在戒烟。”第二个人说：“不，谢谢，我不抽烟。”

第一个人改变了行为，但没有改变身份，第二个人把行为和身份都改变了。第一个本质上是说，“我是一个吸烟者，但暂时不吸烟”。

第一个人正在改变行为，并希望能借此及时改变思想和感觉，最终，在遥远未来的某一天，他会变得截然不同，再也不吸烟了。

第二个人则选择了不同的方向——从身份开始改变，然后希望这种改变会蔓延到思想和感情之中，最终影响到外在行为。

改变有时候会很难，试试这个简单的两步改变法：

1. 决定自己要成为什么样的人。

2. 用一些小的方法向自己证明。

例如，决定要成为一名画家，然后，就在现在，今天，做一件画家会做的事情。

采取行动

想想看，我们想成为什么样的人？然后问自己，这类人会选择什么？

新的身份需要新的证据，所以要找到新的证据。在决定做什么和如何做之前，先想好自己想成为什么样的人。想想自己的理想生活，问问自己，什么样的人才能过上这种生活？

身份的改变需要时间，但不是需要一辈子。有了有意识的自律选择，身份认同就会逐渐改变，我们会以全新的眼光看待自己。如果发生了这种情况，我们就已经取得了突破，并获得了一种持久性的生活变化。

巴甫洛夫式自我调节

19世纪90年代，生理学家伊万·巴甫洛夫（Ivan Pavlov）在实验中发现，狗在期待被投喂时会分泌唾液。他发现，如果在狗进食的同时敲钟，之后即使没有食物，只要敲钟，就能让狗分泌唾液。于是，他将两种刺激组合在一起，用来调节狗的行为反应。

从那时起，心理学家开始研究，是否能做到“巴甫洛夫式自我调节”，从本质上调节自身反应。因为大脑具有可塑性和适应性，所以答案是肯定的。

经典条件反射是一种自发的无意识学习方式，是因为形成了联想（在巴甫洛夫实验中，狗把钟声和食物联系起来）。在我们的日常生活中，经典条件反射无处不在，在一定程度上，我们可以有目的地控制它。

假设我们是吸烟者，总是在办公室外的露台上抽烟。某天，我们只是路过这个露台去取快递，突然产生了一种想抽烟的冲动。

这是因为大脑将这一露台与抽烟联系在一起了。现在，我们可能无法有意识地控制这个过程，但我们可以对它造成影响。如果要戒烟，我们可以刻意避开这个露台，尝试打破这种联系，减少对自己的诱惑。基于这一原理，治疗师使用一种经典条件反射来帮助人们克服恐惧及创伤后应激障碍反应（例如，将诱导恐惧的刺激与积极的感觉联系起来）。

经典条件反射可以用来打破坏习惯，以便形成良好的新习惯。

我们可以有意识地管理环境，从而优化无意识的反应和回应。下面是操作方法。

第一步：明确要改掉的坏习惯

例如，我们可能有一个吃零食的坏习惯，每天晚饭后习惯翻找饼干和糖果。

第二步：注意行为发生的时间、此前和当时发生的事情

仔细观察这种行为。是什么触发了我们的反应？吃完晚饭是吃零食的暗示吗？不是，因为不管有没有吃过晚饭，我们都会吃零食。我们发现，每晚8点左右都会出现“看看厨房里有没有好吃的零食”这一想法，无论当时我们在做什么。

第三步：消除或改变触发因素和关联

我们不能消除晚上8点的触发点，但可以改变它。在这一案例中，我们可以决定每天晚饭后散步，这样8点时都在外头。

第四步：建立新的联系

在我们的潜意识中，晚上8点会逐渐和出门散步联系起来。只要我们想，就可以把零食的诱惑关联到新的刺激上，例如，“我想吃零食——看来马上就到散步时间了！”

再来看看另一个例子。

有时候，坏习惯实际上是一种变相的轻度恐惧症：几年前差点死于车祸，从那以后，我们就避免自己开车。每次一上车，我们就会立刻感到恐慌，我们已经习惯了这种条件反射。这种情况下，条件反射不是吃零食或分泌唾液这类行为，而是一种情绪反应。

我们决定利用经典条件反射作用来打破这种联系。就像在前一节中逐渐为新身份创造证据一样，我们可以逐渐创造在车里不会感到焦虑的时刻，从而打破关联。

“暴露疗法”正是建立在经典条件反射的基础之上。这种理念很简单：把自己暴露在通常会引起恐惧的刺激下，但在这种情景之中以放松替代恐惧，逐渐打破汽车等同于恐慌的联系。具体操作如下：站在汽车旁边几分钟，感到恐慌时，就做放松练习，比如深呼吸或发挥想象力，让自己平静下来。重复几次，直到靠近车时，没有产生任何反应。

接下来进入下一阶段。钻进车里，在恐慌袭来时，继续做放松练习，告诉大脑，在车上的自己是很放松的。我们是在向自己出示证据，证明以前的联想是毫无根据的。等到我们坐在车里觉得适应良好了，我们就点火启动车辆，重复上述练习。开车1分钟，做放松练习，开车5分钟，做放松练习，以此类推。久而久之，开车就不会再引起我们的焦虑了。

在个人发展中运用经典条件反射的好处是，一旦建立了新的联系，就不再需要自律了，届时就只是自发做正确的、习以为常的事情而已！但觉察到自己的条件反射，并有意识地为自己建立新的条件反射模式和联系，这还是需要自律的。

即使没有明显的恐惧症，也没有需要纠正的坏习惯，也可以利用关联的力量来养成好习惯，避免陷入坏习惯：

设计一个工作仪式，将特定的动作、地点或感觉与“工作时间”联系起来。例如，早上坐下来喝咖啡和打开显示器，等同于开启工作时间。

设计一个睡前仪式，向大脑发出信号，告诉大脑，是时候放松和睡觉了，例如，点香薰，阅读轻松的文字，冥想。

设计一个进食仪式，养成固定的饮食习惯，杜绝暴饮暴食，例如，每天的最后吃一块黑巧克力，作为一日饮食的结束标志。

自律通关指南

- 心理状态不是外部事件的结果，而是外部事件的原因。积极意味着主动出击，而非被动承受。
- “我能行”是成长型思维模式，而不是固定型思维模式（“我能学习；我可以提高自己的能力”）；思想、情感和行动需保持一致，即保持整体的完整性。遵循内心圣人的指示，而非内心破坏者的指示（发展“正向力”）。不要让完美主义阻碍优秀。
- 研究赢家思维。赢家思维因人而异，其共同点是致力于促成事情的实现。赢家思维是后天培养的，而不是天生的。明确自己的目标；承担实现目标的责任，不把自己视作受害者，也不指责他人；避免攀比或竞争，因为他人与我们无关；付诸努力并坚持不懈；勇于跳出平庸；面对各种可能性和机会，保持开放的心态。
- 小心“溜溜球效应”。如果认为改变行为只是临时性的把戏和技巧，达到想要的结果就可以停下，那就注定会回到原点。不能重拾旧习惯，却指望能维持着新水平。
- “巴甫洛夫式自我调节”帮助我们改掉坏习惯，建立良好的新习惯。经典条件反射是一种无意识的自发习得行为。找出坏习惯及其诱因，消除诱因，并有意识地重新设置新诱因。

第九章

让情绪为我们工作

自律者知道一个秘密：情绪是可选择的。

情绪是生活的一部分，可以影响想法、行为、意愿、自我信念。虽然这是事实，但情绪并不能主宰我们。在尊重和理解情绪的同时，我们可以将其限制在正轨之上，不被情绪压垮，也不受情绪迷惑。

如何培养情绪自律

情绪自律并非无情绪或控制情绪，而是要意识到，情绪不会凌驾于我们的意识之上，我们的行为不会随意被情绪左右。感受情绪，观察自我意识，尊重生活经验，这些都可以归结为以自己的方式引导情绪。毕竟，情绪是动机、意义和目的的强大源泉，所以我们希望拥有情绪。然而，要想让情绪为我们工作，我们需要培养情绪自律。

掌握情绪

第一步：觉察

下次感到强烈的情绪时，抽离出来，关注一下情绪本身。

试着找出触发情绪的原因。触发原因可以是外部事件或情况，也可以是思想、感觉或记忆等内因。

接下来，试着找出情绪作用于身体的哪个部位。我们感觉到了什么？在哪里感觉到了？

最后，观察伴随情绪的想法。也许紧张和恐慌伴随的想法是“最好把这件事做得完美，否则后果不堪设想！”

我们可能需要检查一下当前脑海中的自我对话或被激活的核心信念。

第二步：重构

记住，感受是可以选择的。有些情绪会自发冒出来，但既然觉察到了，我们就可以选择是否要以行动回应情绪。一旦意识到，情绪反应不过是一种反应，就可以考虑是否要改变它，是否要以不同的方式看待事情。

“心理重构”就是改变观点，以不同的观点看待世界。情绪不等同于现实，每一天都可能不一样。因此，虽然必须觉察情绪并尊重情绪，但绝不能把情绪与对现实的客观评价混为一谈。情绪更像是现实之上的有色滤镜。心理重构就是思考是否要以不同滤镜来看待现实。

控制情绪通常分两步：觉察，重构。有两个错误的观点阻碍了我们对情绪的控制：

误区1：情绪必须表达出来

有时，强烈的情绪似乎指挥着行动，推动着我们全心投入，给我们一种“强烈感受必须表达出来”的错觉。但事实并非如此。情感的强烈程度并不等同于准确性或有用性。近年来，人们非常重视情商培养和情绪觉察。但觉察到感受，并不意味着就会自动采取行动，让感受指导决策是错误的。

我们并不是要否认或回避情绪，也不必为情绪而羞耻。但我们应当把情绪放在背景中，了解其影响，并有意识地选择如何回应情绪。

受到批评，可能会感到非常尴尬，产生自我防卫心理。这是合理的情绪，但也不应该放任自流。如果没有自我觉察和自律，情绪可能会驱使我们发火，说一些会让我们后悔的话。但我们可以选择感谢对方的反馈，花点时间来处理情绪，处理对方的反馈信息，尴尬的痛苦会逐渐消失。

误区2：控制情绪等同于虚伪或情绪不健康

压抑自己的真实感受，生活在不真诚之中，确实是一种羞耻。但是成熟的自我调节、情绪控制和自我掌控是平衡之道，能够确保情绪得当。要像对待饥饿或口渴一样对待情绪。这些情绪冲动有其存在的原因，而且确实对人有所助益，但放纵情绪应该挑合适的时间和地点，且宣泄情绪的欲望并不能让人作出好的选择。

自律所做的，只是为有意识的理性头脑腾出空间，让它介入，给它发言权。就像冥想中做的那样，观察情绪的来来去去。然后，根据价值观和理智上想实现的目标，作出决定并选择行动。有时候情绪会扮演重要的角色，为我们指明正确的方向；有时候情绪会捣乱，会阻挠我们的行动。有了正念的觉察和有意识的控制，就能分辨出情绪的类型。

以恐惧为例。恐惧是“好”还是“坏”呢？两者都不是。恐惧就是恐惧本身。

情境1：我们想自己动手布置家里的电路，但我们对此一无所知。我们感到恐惧，并想：“我不知道每个步骤的原理和后果，不知道自己在做什么。”

情境2：在工作中，我们不得不在一大群人面前就自己的专业领域进行演讲。我们感到恐惧，并想："我不知道该说什么。"

在这两种情况下，恐惧都是合理的反应。但恐惧是帮助还是阻碍，很大程度上取决于情绪自律和自我控制的程度。如果能觉察到自己的情绪反应，我们可以思考一下，这种情绪反应的目的是什么，是否应当重构情绪。所以，仔细思考情境一中的恐惧，我们会意识到，恐惧是因为存在风险和危险。而面对第二种情况时，自律会告诉我们："这种恐惧是不准确的，也帮不了我，这件事情并不存在危险。我不会让恐惧阻碍我抓住工作中的好机会。"

情感功夫：将消极情绪转化为优势的艺术

对自卫的功夫而言，目标不是与攻击者搏斗，而是改变对手攻击的方向。

同样地，情感功夫的目的不是征服情绪，而是引导情绪为自身利益服务。有一个概念叫做"有毒的积极性"，在这种文化中，我们相信，任何消极或不适都是需要立即解决的问题，而"糟糕的感觉"是无用之物。但消极情绪不仅不可避免，而且还可以用来为我们的目标服务。

2012年，欧林工程学院进行了一项有趣的研究，发现能够坦然体验各类情绪的人，往往幸福感更强，而忽视、评判或逃避消极情绪的人，则表现出较低的幸福感。领导这项研究的乔纳森·阿德勒（Jonathan Adler）教授称："与只关注悲伤、只关注快乐或只关注某种混合情绪的人相比，能够从快乐和悲伤的经历中寻找意义的参与者，实际上表现出了更佳的心理健康。"看来，情绪好坏不忌，有益心理健康。

忽视或逃避消极情绪，可能会错过一个潜在的好处。毕竟，很多人在回顾人生时会说，最伟大的经验、洞见和成就都是伴随着挑战和消极情绪而来的。

我们不需要摆脱消极情绪——我们可以转化它们。

更重要的是，比起一路顺风顺水，克服逆境，从消极走向积极，实际上可能会带来更多的满足感和意义感。在2014年出版的《X创造力》一书中，作者大卫·博库斯（David Burkus）建议："把消极情绪看作创造之路上前行所需的燃料。消极情绪可能会助我们更深入地挖掘问题，发现快乐时永远不会发现的解决方案。"

逆境，如果有意识地应对，可以变为成长机会和人生转折。正如俗语所说，塞翁失马，焉知非福。矛盾之处在于，最难以忍受的事，实际上能够带来教训、新观点或惊喜。至少，如果能经受消极情绪的考验，我们就知道，事实上，我们可以战胜它们。

所以，"情感功夫"的一部分，就是不要把消极情绪视为敌人，而应视为良师。

处理羞耻感可以助我们培养同情心

羞耻感即认为核心的自我是错误的，是有缺陷的，是一种痛苦和羞辱的感觉。羞耻文化的专家布琳·布朗（Brené Brown）曾说："要是能说出口，羞耻感就不复存在了……因为同理心可以化解羞耻感。"人们更倾向于忽视自己的弱点，掩饰自己的不足。布朗声称，这实际上会切断我们与他人的真实联系——讽刺的是，这只会让我们感到更加孤独，更深切地羞耻于自己的缺陷。

如果坦白地承认自己的羞耻感，然后刻意真诚地分享给他人，或许会获得一个与他人敞开心扉、构建信任的契机。

隐藏的礼物：真诚、自我同情和联系（也许还有一点幽默感）。

处理悲观主义可以让我们更有效率

如果我们是悲观主义者，总是想象最坏的情况，那就好好利用这一点，比如，提前计划，做好准备，比竞争对手做得更多，以确保自己脱颖而出。悲观一旦被引导到行动中，就会变成机敏、坚韧和清晰的愿景。

如果我们发现自己在想，“这个计划在我手上会失败”，那么，就利用这种想法吧。悲观主义让我们看到了什么可能的结果？为此做好准备。

隐藏的礼物：生产力。

处理嫉妒可以让我们更契合自己的价值观

嫉妒是一种丑陋的情感，我们大都习惯于否认自己嫉妒别人。但如果确实嫉妒别人，那就坦然面对吧。因为嫉妒，我们想如何实现自己的潜力？想要过什么样的生活？

携这种不足和羞愧的感觉一同前行，从嫉妒中我们可以找到自己真正渴望的东西。利用嫉妒心理，探明个人价值观，过更契合价值观的生活，不再让借口限制我们的潜力。

隐藏的礼物：动力和忠于自我。

处理损失让我们学会感恩

失去所爱之物总是痛苦的。但即便如此，损失依然给我们带来了珍宝——珍惜能力。如果能控制好失去的痛苦，这种痛苦就能把我们变得更好，损失可以变成强有力的催化剂。濒死体验能让人珍爱生命，失去一切则会让我们明白，什么才是真正重要的。

从失去中找到祝福，可能需要一定的时间，但勇敢地拥抱悲伤是深入探索的机会，可以找到意义，学会新的生存方式。

隐藏的礼物：希望。

处理消极的自我对话可以让我们更专注

或许我们觉得消极的自我对话简直挥之不去，如影随形。太好了，这意味着，关注这种想法，就能持续与当下产生联系。内心批评的声音就像一个冥想时钟——如果觉察到它，它就会成为一个信号，提醒我们抓住机会，作出改变！

消极的想法出现，改变的机会也会随之而来，这种机会可以把经验转变为更有价值的东西。如果时常听到自我批评的声音，说明有听到这种声音的天赋，且每次听到都能接受自己、包容自己。所以，“我一直都这么消极，真是失败”出现时，就转换思维，告诉自己：“我悦纳真实的自己，我的感受是合理的。”

隐藏的礼物：存在感和成长能力。

在日常生活中，试着竖起耳朵，寻找压抑或否认消极情绪的线索：

- “我今天真不该情绪这么低落。”
- “我这个人似乎有问题？”

- “我真是一团烂泥——振作起来！”
- “我反应过度了。”

情绪，无论是积极的还是消极的，都是生活的一部分。它们延展生命的深度和维度，确保我们的安全，让我们明白什么是重要的。我们可以在强烈的冲动和诱惑之上“冲浪”，也可以在强烈的负面情绪之上“冲浪”。

如何代谢负面情绪

情商（EQ）不仅仅是理解他人及与他人沟通的能力，也是了解自己的能力。只有一种情绪是“坏情绪”，即不被引导、不被承认，也不接受继续存在的情绪。没有“代谢”的情绪仍然存在，只是会变相地表现出来，或者传递给别人。

第一步：接受痛苦

冥想练习可以帮助我们承认并面对现实，既不逃避，也不抵抗。记住，想要快速地找到解决方案，或者强装积极乐观，强加给事情一个积极的角度，也是一种抗拒。我们不必喜欢或赞同自己的感受，但应该试着容忍它，接受它。

举个例子：一个密友欺骗了我们，我们很沮丧。我们做冥想，写日记，做呼吸练习，开辟一个空间来容纳自身感受。

第二步：描述痛苦

保持好奇心，试着找一个词来描述想法和感受，或者用符号或图像来表达。善用比喻还有助于控制情绪，因为这样就不会用评判和羞愧的眼光来看待情绪，而是会满心好奇，觉得颇有趣味。

举个例子：我们觉察到自己在生气，而伴随着我们的愤怒，旁人对我们产生了一种抵触。我们把这种愤怒比作一辆汽车开过，而路人朝汽车扔臭鸡蛋——这种侮辱让我们脸颊发烫，喉咙发紧。

第三步：评估痛苦

真诚坦率地探索自身感受后，思考一下，这种情绪在当前生活中扮演着什么样的角色？之前是什么触发了这种情绪？现在是什么维持和滋养了这种情绪？将来这种情绪会对我们的行为和自我概念产生什么潜在影响？

举个例子：情绪使我们忍不住想出口伤人。我们越想越气，但也明白，如果不加以控制，就会被高涨的愤怒席卷。

第四步：重新定位价值观和目标

要想控制情绪，达成目的，首先要弄明白总体目标和优先事项。同时，也要牢记自身优势、优秀品质以及可用资源。这样一来，就算处于消极情绪之中，视野也会更加广阔，着眼于宏大蓝图。

举个例子：提醒自己，无论做什么事，我们总是竭尽所能地做到最好，我们永远不会欺骗朋友。我们在正轨上前行，用双手创造理想生活，所以我们不能容忍自己的心血被人破坏或践踏。

第五步：找到礼物

把正在经历的事情重新定义为潜在的礼物。把它当作游戏，试着调整自己的看法，直至找到对当前状态有用的事物。要有创造力。感恩或许能为我们揭开当前局面的隐藏层面，虽然起初可能觉得怪异，但试试看吧。

举个例子：虽然不适，但我们意识到，愤怒揭示了某些事实，即是时候为自己挺身而出了。坦白说，这个朋友已经三番两次地越轨或恶劣地对待我们了。我们想了想，对愤怒感到感激，因为它点醒了我们，让我们明白什么才是真正重要的。我们感激这个过程——找到尊重且重视我们的人，放弃不尊重也不重视我们的人。

第六步：采取行动

刻意将情绪转化为具体行动，奇迹就会发生。决定要做的事，然后去做。不需要作出重大改变，也不需要实施大动作，只要遵循自身价值观，朝着我们目标的方向迈出明确的一步，就会在行动中收到礼物。

举个例子：深吸一口气，告诉自己不要停滞不前。今天，如果出现了可能影响我们情绪的事情，就转移注意力，或者回顾生活的美好。我们决定和撒谎的朋友保持距离。如果朋友再次撒谎，我们很清楚自己该作何反应——冷静果决地构建边界，而不是发火。

自律通关指南

- 自律者知道，我们可以左右自己的感受。自律并不是没有情绪或控制情绪，而是意识到，有意识的意志和理性的意图始终占据主导地位。
- 要想利用情绪为自己服务，我们需要：(1)觉察情绪；(2)重构情绪。我们必须觉察到情绪并尊重情绪，但不能把情绪与对现实的客观评价混为一谈。感受到情绪，未必要表达出来，控制情绪并不意味着虚伪或情绪不健康。
- “情感功夫”指的是把包括消极情绪在内的所有情绪变成优势。负面情绪不可避免，但可以为己所用，可以为目标服务。理解体验并将其与行动联系起来，就能处于刻意控制之中。
- 将羞耻“代谢”为自我同情，将悲观主义转化为效率和计划，将嫉妒转化为评估生活是否契合价值观的标准，将损失转化为感激，将消极的自我对话转化为开启深层次自我意识和存在感的钥匙。
- 要想处理好不适和痛苦，就要觉察并接受产生了情绪的事实，描述情绪，客观地评估情绪，牢记目标和价值观，重构体验以探寻隐藏的礼物，最后以方向正确而又充满动力的行动来为情绪画上句号。